请停止无效社交

乔子青　著

吉林文史出版社
JILIN WENSHI CHUBANSHE

图书在版编目（CIP）数据

请停止无效社交/ 乔子青著. -- 长春 : 吉林文史
出版社, 2019.5

ISBN 978-7-5472-6158-3

Ⅰ.①请… Ⅱ.①乔… Ⅲ.①人际关系－通俗读物
Ⅳ.①C912.11-49

中国版本图书馆CIP数据核字(2019)第088456号

请停止无效社交

出 版 人　孙建军

著　　者　乔子青

责任编辑　陈春燕　赵艺

封面设计　韩立强

出版发行　吉林文史出版社有限责任公司

地　　址　长春市福祉大路出版集团A座

网　　址　www.jlws.com.cn

印　　刷　北京德富泰印务有限公司

版　　次　2019年5月第1版　2019年5月第1次印刷

开　　本　880mm×1230mm　1/32

字　　数　140千

印　　张　7

书　　号　ISBN 978-7-5472-6158-3

定　　价　38.00元

前　言

生活中，你是否曾有过这样的经历：

手头的工作堆积如山，忙得像陀螺一样，却总有不识趣的人请求帮忙。为了表示真诚，你照单全收，最后却把自己累得半死；

本来很累，只想回家休息，却架不住朋友的热情，参加了一场无聊的聚会，在大家把酒言欢的时候，你却盼望着快点儿结束；

一次饭局下来，似乎和所有人都成了朋友，微信扫了一片，电话存了许多，可是一转身，大家就成了熟悉的陌生人；

当遭遇困难的时候，本能地掏出手机想寻求帮助，可是通讯录翻了一圈，脑子却一片空白，不知道究竟该打给谁……

几乎每一天，我们都在忙于交际、应付、交友，总是为了和别人融为一团而奔波着、努力着，总是为了获得别人的肯定而牺牲着、付出着。可是这一切，似乎并没有让我们更幸福、更快乐，反而一直在消耗我们的时间，影响我们的心情，颠覆着我们的幸福。

换言之，我们其实并不是在进行社交，只是在蹉跎岁月，或者说，只是在进行无效社交！

究其根本，社交的目的是为了让人际交往变得更有意义，让生活变得更有频率，找到更舒适的状态。如果社交偏离了轨道，变得无效，我们就应该勇敢地说"不"，坚定地拒绝。

遗憾的是，受人情世故和礼尚往来观念的影响，大多数时候，我们总是沉浸在无效社交的泥潭中无法自拔，并不知道该怎样拒绝不想聊的话题、不想搭理的人、不想做的事。于是，我们的生活和心情也一如既往地凌乱。

本书着眼于日常生活中通常会遭遇的无效社交现象，案例翔实，场景生活化，试图通过温暖的笔触和抽丝剥茧的深刻分析，回答两个关键问题：为什么会产生无效社交？怎样停止无效社交？

阅读此书，希望受困于无效社交、内心苦痛的你，能找到新的高效的社交方式，以及更舒适的生活状态。

人生本就应该由自己掌握，别害怕，勇敢地远离一些人、一些事，拒绝一些人、一些事，岁月才会为我们留下最值得的人和事。停止无效社交，我们不过是在为自己的人生筑起一道新的舒适防线。

目　　录

Chapter 1 / 勇敢说 "不"：
你又不是招财猫，用不着一直点头

　　看似简单的一个 "不" 字，原本可以不假思索地冲口而出，可很多时候，人们却顾虑重重，觉得说 "不" 太残忍。其实，这样想就错了，勇敢地说 "不"，只是让人们不产生依赖，学会拒绝交往过程中产生的烦恼与困扰，规避那些无聊的人和事，从而有更多的时间和精力发展有效的、高质量的社交活动。

人生哪有那么多 "不好意思"

生活中，总有那么一些人，打着"不好意思"的幌子给你制造麻烦，从思想和行动上腐蚀你、打败你，让你"不好意思"对他说"不"。可是，正因为你的不好意思，恰恰给了对方更多的可乘之机，让这样的"不好意思"如雨后春笋般源源不断地冒出来，让你不堪其扰，毫无招架之力。

"不好意思，可以帮个小忙吗？很简单的。"

"不好意思，明天早上麻烦你帮我带份早餐。"

"不好意思，能帮我去楼下拿个快递吗？"

……

这样的场景，生活中是不是随处可见？说白了，这样的人就是死皮赖脸，既然"不好意思"，那他还麻烦别人干吗？所谓的"不好意思"，只是给他的死皮赖脸找了更多借口，裹上了一层糖衣炮弹而已。

有些人在求人办事时，言语上会表现得特别热情，嘴巴就像抹了蜂蜜一样，左一句"亲爱的，求你了"，右一句"你最好啦，这也是没办法，下次请你吃饭"，让你在对方的甜蜜攻势下，根本没机会说"不"。

这种情况下，要不要答应对方的请求呢？答应吧，就怕还有下一次，可不答应吧，又怕影响双方之间的关系，真让人左右为难。

我一位亲戚的女儿叫婷婷，正在读高中，由于离家近，再加上学校食堂的饭菜不好吃，所以，她每天都从家里带饭到学校，到食堂加热了吃。星期天，她妈妈在家做了一道小吃，想着与同学们分享一下美食，她便将这份小吃带到学校给同学们品尝。

可是，婷婷的好心却给自己带来了麻烦。一位在校住宿与她关系比较要好的同学，见婷婷每天带的饭菜都特别可口，就提出让婷婷每天带饭时给自己也带一份，并说："不好意思，阿姨做的饭菜和点心太有诱惑力了，看得我都流口水了呢！"

出于同学之间的友谊，纵然内心不太愿意，婷婷却不好意思将"不"字说出口。虽然每天的饭菜都是免费的，可这位同学却变本加厉，不停地提要求。

比如，今天想吃鸡爪子，后天想吃红烧肉；让阿姨做菜少放点儿辣椒，因为脸上长痘痘了，青菜炒得太咸了……说完，对方还一脸无辜地说："不好意思，我是不是要求太多了？不过，我这人就是心直口快，有什么说什么。"

好心给同学带饭，一分钱没要，对方还挑三拣四，备感委屈的婷婷想了好久，决定不管这个同学如何哀求，她都要拒绝对方。第二天中午，婷婷没有再给对方带饭，对方也明白了她的意思，但还没等婷婷开口，那位同学便给了她50元钱，说："好婷婷，食堂的饭菜实在是太难吃了，你就辛苦下，再帮我带饭吧，实在不好意思啦！"

听到这番话，婷婷的内心有些动摇，但为了避免后期麻烦，她还是决定早点儿将这个事情解决掉。"实在不好意思，这钱你还是自己拿着吧，每天给你免费带饭，还被你横挑鼻子竖挑眼，实在是得不偿失，以后你自己去食堂吃吧，这样我妈妈也能轻松点儿。"

说完这话，婷婷便埋头吃起饭，不再搭理对方。后来，虽然她们的关系受到一点儿影响，没有之前好了，但婷婷却觉得整个人轻松了不少，因为她终于鼓起勇气对别人的"不好意思"说了"不"。

人与人之间是平等的，我们没有必要为了讨好谁而一味地放低姿态，也不必为了成全他人而委屈了自己。我们越是不好意思，就越容易给对方造成可乘之机，浪费自己的时间，还会因此增添烦恼。

一个简简单单的"不"字，原本上下嘴唇碰一碰就能说出口，却因为他人的"不好意思"而导致话到了嘴边又咽回去，甚至将自己的生活弄得一团糟，何必呢？

有的人常常会这样想：人家都说"不好意思"了，我还好意思说"不"吗？万一拒绝了别人，下次自己有事又怎么求人家呢？如果把人得罪了怎么办？正因为我们总是抱有这种想法，才让自己陷入左右为难的境地：一方面希望与身边的朋友、亲人、同学维持好关系；另一方面，又因对方的请求而焦头烂额。

事实上，一个简单的"不"字，就可以让你摆脱这种进退两难的尴尬境地，将别人的"不好意思"扼杀在萌芽中。具体要如何做呢？相信下面几点可以帮助到你。

●坚持事不过三的原则

任何事都有一个限度，我们应该明白事不过三的道理，帮一次是好心，帮两次是情分，但第三次还让我们帮忙，就真的没有必要了。我们一定要清清楚楚地向对方表明立场，这不是我们分内的事，我们也不是你的小跟班，千万不要让自己的帮助变成别人眼里的理所应当。

●直截了当表明自己无能为力

"不好意思"就像影子一样，随时随地出现在我们的生活中。如果我们不懂得说"不"，就得随时听从他人的使唤，只有勇敢地说"不"，才能让自己过得轻松愉快。

比如，当我们下楼拿快递遇到有人让帮忙带下午茶时，我们便可直截了当地表明自己无能为力："不好意思，我还有其他的事要做，没有多余的时间给你买奶茶。"这样的话一出口，对方又怎能死乞白赖地再请你帮忙呢？

●适当恭维，让对方"不好意思"

有些人，自己明明可以解决的事，却偏偏厚着脸皮非要请人帮忙，目的就是为了能省出时间来偷懒。为了将对方"不好意思"的请求扼杀在萌芽中，我们可以适当地恭维对方，给对方戴顶高帽，让对方"不好意思"提要求。

然后，再找准时机说出自己的想法，不仅可以避免尴尬，还可以借此逃避对方"不好意思"的请求。

●必要的时候，给对方指条路

我们不能为了营造良好的人际关系而对他人"不好意思"的请求来者不拒，否则一旦我们没有完成他人交代的事情，就会引起不必要的误会与麻烦。

所以，对于无法做到的事情，应直接告诉对方：抱歉，这个我爱莫能助，你可以去找×××试试看，他在这方面很专业！如此一来，必要的时候给对方指明方向，他也不会怪罪我们，我们也不用担心会影响自己的人际关系。

人生哪有那么多的"不好意思"，想要大声勇敢地对他人"不好意思"的请求说"不"，不管任何时候，我们都要坚持自己的立场与主见。否则，一不小心就会陷入他人的甜蜜攻势里无法自拔，而影响自己的人际关系。

记住，对于那些无效的、影响人际关系的"不好意思"的请求，一定要勇敢说"不"，这样我们才能更好地坚守，做最好的自己。

别让自己的付出变成理所应当

生活中，我们是不是经常遇到这样的情形：

一个家庭中，如果妈妈一直做饭、收拾家务，我们会认为是理所应当的。她哪天心情不好或有事耽误没有做饭，我们会为此不满而发脾气。从未下厨的爸爸，偶尔心血来潮去厨房露一手，即便做得不好吃，也会得到我们的称赞。

为什么会这样呢？因为妈妈一直包揽家务，成了每天的日常，一旦缺席，我们会认为她没有坚守岗位。爸爸偶尔进厨房施展下拳脚，我们会觉得他的额外付出是非常辛苦的。

这种想法是错误的，谁都不是早上的太阳、晚上的月亮，只为闪耀光芒而一无所求，更没有谁天生就该迎合你。就算是亲人之间、朋友之间，也没有义务与责任单方面地付出，所有的付出都应该是双向的，能得到回报。哪怕只是一句简单的谢谢、一句由衷的肯定，也会让人的内心备感温暖。

生活中，为了顾及他人的面子，为了不让朋友太孤单，为了赢得一个好人缘，你是不是也曾违心地迎合过别人的想法，心甘情愿当起他人故事里的配角？你总是不停地照顾别人的情绪与想法，不停地迎合别人，却不知道为自己争取平等的机会，所以，你身边的人逐渐习惯了你的牺牲，并一次又一次地替你的人生做起决定。

你以为这样便是人际交往最好的相处模式，结果浪费了时间，耗费了精力不说，别人对你的无私奉献还视若无睹，你的委曲求全并没有给你带来同等的回报，反而让你陷入无止境的恐慌。一方面，你希望自己的付出能得到回报，让他人对你感激涕零；另一方面，你又不想整天做一些自己不喜欢、不愿意的事。

结果，一味地降低对自己的要求，投其所好，曲意迎合他人，结果没得到他人的赞赏，还让别人看轻了自己。

冰冰和青青是一对非常要好的朋友，只要有时间，两姐妹就会聚在一块儿吃饭、逛街、旅游，不知道的人还以为她们是亲姐妹呢！

在一起共事已经5年有余，冰冰勤勤恳恳、兢兢业业地工作，受到公司领导的一致好评，并在年终表彰大会上被提拔为部门主管。辛苦工作这么多年，苦尽甘来迎来事业上的小成功，冰冰非常高兴。她决定趁着周末邀请几个关系好的同事一起到家里玩，庆祝一下自己的升职之喜。

好姐妹事业上能取得成功，青青打心眼儿里替她高兴。对于冰冰的升职Party，青青也挺想参加的，可不凑巧，她最喜欢的一个明星刚好在当晚开演唱会。对于这个千载难逢与偶像近距离接触的机会，青青可是没少费功夫，就连买票都费了好一番波折。

青青满心欢喜去听演唱会，可在去的路上，她转念一想：自己和冰冰平时关系最好，其他人都去，自己却不去，会不会引起其他人说闲话？冰冰会不会觉得自己嫉妒她，对她的升职不满？思虑再三，青青最终还是放弃心心念念的演唱会，去冰冰家参加了她的升职Party。

整场聚会，大家都玩得非常嗨，却只有青青的表现与大家格格不入。一晚上，她都在不停地走神，一会想着演唱会现场会发生哪些有趣好玩的事，一会又想着偶像今天的打扮会是什么样呢？会唱自己最喜欢的歌曲吗？会有观众互动环节吗？

青青的表现，冰冰都看在眼里，这让她的心里感到非常不舒服。作为自己最好的朋友，她应该替自己高兴才对，难道她不愿看到自己获得成功吗？待聚会结束，其他人都走后，冰冰把青青留了下来，质问她："你今天是怎么回事，难道对我的升职不满意吗？不满意你可以直接说，用不着摆着这样一副苦瓜脸，这是给谁看呢？"

面对冰冰劈头盖脸的责问，青青也是满腹委屈：自己放弃了心仪已久的演唱会，来参加你的升职Party，竟然还得不到你的理解。想到这，青青也不甘示弱，于是两人你一言我一语，就这样吵了起来，最终不欢而散。

为了不让朋友失望，青青的表现可算得上非常称职了，主动放弃自己最想看的演唱会。可自己的一片真心却换来朋友的质疑，不仅没有得到好姐妹的感激，反而还影响了彼此的感情。想到这儿，青青的心里便窝了一肚子火。

其实，青青如果一开始就对冰冰坦诚相告，说出她的为难之处，相信冰冰也会给予理解，后面的不愉快也就根本不会存在了。每个人都会遇到这样的情况，当自己的兴趣爱好与朋友的利益有冲突的时候，我们应该怎么做呢？

是被动地接受，让自己为难，还是勇敢地向朋友说出自己的想法，做自己想做的事呢？如果像青青那样，违心地放弃自己的爱好成全朋友，最终的结果只会让自己受尽委屈。千万别让你不求回报的付出变成他人眼里的理所应当，这样是没人对你感恩戴德的。

哪怕你不求回报无私付出了99次，只要有一次拒绝，或让对方不满意，他就会对你心生不满，并质疑你对他的诚意。在这种质疑声中，你感到困惑与迷茫，替自己不值，情绪也会受此影响，变得糟糕透顶。

你有没有想过，为什么自己一定要曲意迎合他人的想法与观点呢？为什么不能主动拒绝他人坚守自己的想法呢？我们必须明白这样一件事：这个世上除了父母，我们不欠任何人，任何事只要问心无愧，就不必感到亏欠。

我们不必为了顾及他人的想法而委屈自己，更不必为了一些不值得的人或事浪费自己的精力与时间，别让自己的付出变成理所应当。即便你口中的"不可以""不行"让身边的一些人对你望而却步，若即若离，那也没有关系，因为真正的朋友不会因为这些而离开你。

即使沦为"剩女"，也要勇敢地说出你的"不"

不管是说话还是做事，社交场合中，任何事情都讲究你情我愿，这样才能创建和谐社会，人与人之间的交往才会更顺畅。俗话说"强扭的瓜不甜"，说的就是这么回事。

尤其是在爱情里，遇到一见钟情、两情相悦的人，那自然是美事一桩；可如果遇到话不投机又完全没有共同语言的人，我们就要赶紧向对方表明自己不喜欢、不想交往的态度。否则，浪费自己的时间不说，还有可能让对方会错意。

随着现代社会女性地位的崛起以及对知识的渴求，很多女孩子会选择用读书来增长见识，改变命运。本科、硕士、博士，就这样一路读下来，等毕业时已经老大不小了，边工作边找朋友，可一时半会儿也难以遇到合适的、投缘的，结果挑挑拣拣，一不小心就沦为了"大龄剩女"。

虽然"剩女"德才兼备，但婚姻也是人生大事。即便才高八斗，学富五车，可连个男朋友都没有，照样会引来周围异样的眼光，遭到亲朋好友的连番催促。有的甚至还冷嘲热讽：读这么多书有什么用，结果连个男朋友都找不到，你看人家×××高中都没毕业，挑老公的眼光一流，现在不照样过上有车有房的幸福生活，再看看你自己……

听到这些看似善意的关心和催促，你还能装作若无其事吗？尤其是一些来自四面八方的压力，七大姑八大姨轮番上阵地说教："你应该早点儿成家，好让你爸妈早日抱孙子""眼光那么高干吗，差不多就行了"……在这种强烈攻势下，即使你一万个不愿意，还是选择了妥协，踏上相亲之路。

　　我一位同事的女儿玥玥，长得漂亮，书读得也多，研究生一毕业，亲戚朋友就轮番开始给她介绍对象了。这不，隔壁的王阿姨就非常热情地给玥玥介绍了一个，据说对方人品不错，工作稳定，家世也还行，算得上是一个合适的结婚对象。

　　看王阿姨说得有板有眼，玥玥便同意了，和对方加了微信。微信通过后，对方的信息便一条接一条地发过来，玥玥觉得网上聊得再好也不如见面真实，便决定面谈。双方约定下班后在某个广场附近碰面。

　　见面后，玥玥心中大失所望。这人也太不注意形象了吧，头发乱糟糟的，还留着一撮小胡子，配个大大的黑框眼镜，看上去就是一个油腻大叔。

　　看到玥玥，对方似乎还挺满意，便问："你吃饭了吗？"玥玥摇了摇头说："没有。""那我们去吃自助餐吧，这附近刚开了一家，今天特别优惠，才35元一位。"男方提议道，说完便自顾自地拉起玥玥朝餐厅方向走。

　　到了餐厅，只见男方把餐厅里能吃的、能喝的拿了很多放在桌子上，一边狼吞虎咽，一边招呼玥玥："别客气，赶紧吃，一定要把本钱给吃回来，不然可就亏大了。"吃饭的空隙，男方还一个劲儿地像调查户口似的询问玥玥的工作、家庭状况等。

　　好不容易等对方吃完，玥玥便借口有事先走了。回去的路上，玥玥回想起这次见面的过程，心想：这什么人啊？还优质男，整个一猥琐男！

　　之后几天，玥玥便不再理会对方，可对方从王阿姨那打听到了玥玥的生日，便在她生日那天一大早，跑到家里给她送了一份礼物。拆开包装盒，是一只可爱的小熊，玥玥正准备拿出来时，对方却说："你别抱，估计会掉毛，这是我从娃娃机里赢来的。"

听到这话，玥玥的心里很不是滋味，但碍于情面又不好当场发作。后来，对玥玥甚是满意的男方，每天发信息约玥玥出去玩，但玥玥不想把自己的宝贵时间浪费在这种没有必要的交往上，同时也为了对双方负责，便直接拒绝了对方。

茫茫人海中，于千万人之中遇到一个自己喜欢又各方面适合自己的人，真的不是一件容易的事。更何况婚姻是一辈子的大事，更不能随便将就。哪怕是相亲，也不能因为周围人的催促而勉强自己尝试一段无效的、没有意义的恋爱。

我们要明白"强扭的瓜不甜"，即使沦为"剩女"，也要勇敢地说出"不"。不得已而求其次的心理，只会让我们在爱情的道路上受尽折磨与痛苦。与其这样，还不如一开始就勇敢地说出自己的想法，表达出自己不愿意交往的态度，也能避免对方的死缠烂打。

那么，如何才能在既不给对方造成难堪的情况下，又给对方表明自己不想交往的态度呢？以下几点或许可以帮助到你。

●一开始就明确自己的态度

"虽然你很好、很优秀，却并不适合我"，这样的话一出口，相信对方再怎么装糊涂也能听出来。一开始就明确自己的态度，在表达拒绝之意的同时又赞扬了对方，也不会让对方觉得难堪或产生其他想法，更避免拖泥带水带来的麻烦。

●用比拟的方法委婉表达

有些人可能觉得太过于直接的方式会伤害他人的自尊心，其实也可以采用比拟的方法来委婉地表达你内心的不愿意。比如，"我们两个人就像花盆中的月季和路边的大树，成长的环境和生活习惯完全不同，就会有差异，磨合上会存在很大障碍"。经过一番比较，对方自然也就心知肚明了。

●找个合适的挡箭牌做借口

如果做到以上两点之后对方还要故意装糊涂来纠缠，我们还可以找个适合的挡箭牌做借口说"不"。比如，"目前工作还不太稳定，我想把重心先放在工作上""我打算外出一段时间，目前不考虑这些"，这样的话一出口，恐怕对方也不会在你身上白白浪费时间了。

爱情的世界里，既然不愿意，就不要拖泥带水让对方产生错觉。即便是"剩女"，那又如何？"剩女"也应该有自己中意的爱情与幸福的人生，千万别为了将就而委屈了自己。只有勇敢地说出"不"，我们才能更好地寻找爱情，过上幸福的生活。

如何远离生活中的"老白干"

每个人的内心都存在这样一种心理，那就是便宜不占白不占，占了还想占。一听说哪里可以不花钱就能办事，千方百计也要将这份便宜给占了。尤其是一些亲戚朋友，请人免费帮忙不说，还矫饰说："很简单的，一下子就能完成，不耽误你多少时间……""咱们这么铁的关系，谈钱不伤感情吗？"等。

不管是体力劳动者还是脑力劳动者，相信生活中的很多人经历过类似的场景吧！一味地免费，给人白干，换作是你，你愿意吗？

网络上曾流传过这样一个段子：你去朋友开的餐馆吃饭，结账时他给你按内部价，你心里就会认为"这个朋友真够义气"；去朋友的蛋糕店里买东西，他给你打个折，你也会觉得"这个朋友还不错"；去找做设计的朋友设计一款别具一格的产品图案，他同样给你打折，你反而会说："这个人真不够意思，怎么这么不懂人情世故"……

同样是朋友，同样是打折，为什么差别这么大？为什么设计师朋友打折，就显得小气不够意思呢？难道设计师没有付出自己的时间与精力吗？真不知道这些占便宜、让人免费帮忙的人，内心是怎么想的？

诚然，开餐馆需要店面、人工、食材、器皿等方面的成本，开蛋糕店也需要人工、费用等一些开支，设计只需要一台电脑，从表面上看，他需要的成本是最少的，但我们不能因此就否定了对方给的折扣与优惠。要知道，脑力工作者的时间与精力也很宝贵，难道他的才华就一文不值吗？

正因为这些爱占便宜的人只看到了表面，他们才会心安理得地认为他们提出的都是小忙，都是举手之劳的小事。可事实真的是这样吗？难道说给你一支笔，你就能成为画家？给你一间实验室，你就能成为科学家？给你一台电脑，你就能成为作家？

能不能不要这么搞笑？这世上没有谁自带特异功能，什么都能无师自通、手到擒来。当然，抱怨归抱怨，这话千万不能对那些请你免费帮忙的亲戚朋友说，不然就要引起轩然大波了。

我的一位做室内设计师的朋友李默，最近就遭遇了免费帮忙的事。李默毕业于名牌大学设计专业，经过几年的摸爬滚打，终于做到设计总监的位置，每天的生活忙忙碌碌，却也过得潇洒自在。

这天下班回到家，一个久未走动的远房亲戚已经恭候他多时了。晚饭过后，亲戚表明来意，让李默帮个小忙，给自己新买的房子画个设计图，还说："我们的要求很简单，就想大致看下整体效果，主要你是自己人，我们信得过。"

"天啊，这能算小事吗？"李默心想：设计又不是用笔随手一挥就可以完成的，画一整套设计图得要好几天时间，再说自己平时忙，难不成还要天天加班来做吗？"可是架不住亲戚的软磨硬泡与父母的一旁暗示，李默只好硬着头皮答应了。接下来的时间，李默紧赶慢赶，天天加班至深夜，总算是把设计图画了出来，并托人带给亲戚。

本以为事情到此就结束了，谁曾想，过了几天，亲戚直接把电话打到他这儿来了，并在电话里提出一大堆修改意见：吊顶太简单了，没有新意；客厅的整体设计略显单调和沉闷；卫生间设计得不够人性化；厨房想要一个开放式的，这样更方便；储物间设计得也不够合理……

自己辛辛苦苦熬夜加班到凌晨，得不到感谢也就算了，反而还遭到对方的嫌弃。想到这儿，李默怒火中烧，脾气一下子就上来了，对着电话那头的亲戚说："我辛苦熬夜加了几个晚上的班给您做的，您还不满意！"

"小默啊，不是我挑剔，你看看你，做得这叫什么事嘛，明显是在糊弄我们！"

"什么，我糊弄你？我要是诚心糊弄你就不会熬夜加班给你做了！如果你实在看不上我的设计，请你另请高明吧。"说完，李默便气冲冲地挂了电话。

结果，下班回到家刚一进门，父母就开始轮番说起他的不是，说那件事已经在亲戚间传开了。大家纷纷指责李默不尊重长辈，自以为多读了几年书就了不起，翅膀硬了不把他们那些穷亲戚放在眼里……

亲戚的怨声载道再加上父母的不理解，让李默满腹的委屈无处诉说。此时的他后悔莫及，不该一时心软而接下这吃力不讨好的免费差事。如果自己一开始就表明态度的话，也不会造成现在这样尴尬的局面了。

李默的遭遇，相信只是众多冰山中的一角。身处这个复杂的社会，每个人或多或少都会遇到亲朋好友等需要帮助的请求，碍于面子却不好意思拒绝。

当然，一两次的免费帮助没有问题，可是次数多了味道也就变了，我们的好心帮助只会让他人欲壑难填、无休无止。所以，对于这种爱占免费便宜的行为，一定要勇于杜绝。

那么，如何做才能远离生活中的"老白干"呢？相信下面的几点建议能够帮助到你。

●用焦头烂额巧妙回绝

对于那些需要请自己免费帮忙的亲朋好友，不妨主动向对方言明自己每天的工作日理万机，用焦头烂额来巧妙回绝对方，以此表明自己爱莫能助、有心无力的无奈心情。

如果对方没有眼力见儿，死缠难打非要我们帮忙，我们也可以采取拖延的办法敷衍对方，时间一长，对方看不到希望，此事也就不了了之了。

●约法三章，表明态度

如果实在避免不了，要接下这免费、白干的活儿，在帮忙之前要事先表明自己的态度，与对方约法三章：可以帮忙，但只负责前期的一些简单事项，如果涉及复杂的环节或者后续产生的变动，就得付费。只有将主动权掌握在自己手里，才不会受制于人，给自己带来无穷无尽的麻烦。

●先发制人，步步为营

先发制人的最大好处，就是不至于被对方牵着鼻子走，还可以趁机让对方知难而退。

比如，亲朋好友流露出想要免费帮助的想法时，我们可以把话题抢过来主动说："这件事情，你想要做到什么程度？根据你的实际情况出发才好安排，请人帮忙的话，做出的效果可能有些不同，时间和金钱上会花费不少，建议你可以自己动手试着做，这样的话，会更有意义哦。"

对方一听这话，自然也就明白我们不想白干的心理，也就不好再强行坚持让我们免费帮忙了。

以上几点建议，你学会了吗？不仅脑力劳动者可以这样做，体力劳动者同样也可以效仿。为了避免吃力不讨好和一些不必要的麻烦影响到自己的生活，一定要勇敢地对那些爱占便宜的人说"不"，拒当生活中的"老白干"。

借钱给你是情分，不借给你是本分

"兄弟，最近手头宽裕吗？买房还差3万，借点儿钱我先周转一下。"

"老同学，家里老母亲生病了，找你借点儿钱救个急。"

"刚一冲动买了部苹果8，结果发现房租还没交，借点儿钱让我先把眼前的难关过了，下个月发了工资就还你。"

……

生活中，你是不是经常遭遇这样的事儿？面对五花八门的借钱理由，很多人不愿意将自己辛辛苦苦挣的钱随便借出去，除了怕借出去的钱打水漂收不回来外，更不想因为借钱的事而闹出一些不愉快的事情来。

当然，也有一些不谙世事或脸皮薄的老好人，对他人层出不穷的借钱理由深信不疑，潇潇洒洒地把钱借出去，以至于到最后朋友没有如期归还时，便长吁短叹，后悔当初的草率决定。

莎士比亚在《哈姆雷特》中写道："不要向别人借钱，向别人借钱将使你丢弃节俭的习惯。更不要借钱给别人，你不仅可能失去本金，也可能失去朋友。"谈钱伤感情，这话一点儿没错，再好的朋友、亲戚、同学，也可能因为借钱不还而形同陌路。

试想下，你自己舍不得吃、舍不得穿挣下的辛苦钱，却成为他人坐享其成的胜利果实，你的内心能不愤怒吗？早知今日，何必当初，为什么借钱时没有想到这样的后果呢？如果你能预想到这一点，委婉、含蓄地表达出自己不愿借钱的想法，不仅容易被人理解，后面也不会遇到这样的烦恼了。

　　我同事的一个亲戚叫刘佰建，由于单位效益不好，索性就辞职回家，和老婆一番商量后，两人决定找银行贷款开个小超市。经过一年多起早摸黑的艰苦努力，小超市逐渐有了起色，开始盈利，步入正轨。两人正憧憬着未来的美好生活时，却被一个不速之客打乱了平静的生活。

　　某天，发小王军来到超市，一番客气的攀谈后，他表明来意：最近想买一辆摩托车，还差4000块钱，想借点儿钱周转一下，后面有钱了就还。对于王军的为人，刘佰建再清楚不过了，不务正业，游手好闲，还整天泡在麻将桌上，这次借钱肯定不是买车，而是拿去赌博，把钱借给他，无疑是肉包子打狗——有去无回。

　　可是直接说不借或没钱吧，对方肯定不信，想到这儿，刘佰建便想了个主意。他说："最近店里生意也不好，钱都压在供货商那里了，当初向银行贷款开超市的钱，至今也没有还清。你也知道，银行的钱可不敢拖着不还呀！"听到朋友这么说，知道借钱无望的王军，便失望地离开了。

　　就如刘佰建所说，找各种理由推脱，对方肯定不会相信，会认为你故意在敷衍他，与其这样，还不如把自身的难处添油加醋、夸大其词地说出来，让对方也不好意思再提借钱的事。

　　对于明确目标提借钱的人来说，这未尝不是一件有效拒绝对方的方法。但如果遭遇的是那种拐弯抹角、旁敲侧击的人来借钱时，显然不能再使用这种办法了，最好是以己之矛攻己之盾，用暗示或含糊的态度表明我们不愿借钱的意图。

　　刚刚在城里买房定居下来的余波，这天下班回家碰到两个老家的亲戚来看他，余波便热情地留他们吃饭。席间，两位亲戚不停地在余波面前抱怨，一会儿说物价上涨，挣的钱都不够用，一会又说房租高，手头困难，说来说去言下之意就是想跟余波借钱。

　　看到情形不对，余波立马接过话茬说："是啊，这城里面寸土寸金什么都贵，就拿我自己来说，挣得不多，只好买个小房子勉强住着。这不，儿子每晚上都在客厅打地铺。挣的钱还完银行贷款，就所剩无几了。今天你们特意来看我，本想留你们在家里住几天，可这实在是有心无力啊！"听到这话，两位亲戚吃完饭，坐了一会儿，就识趣地离开了。

余波由亲戚带有暗示性的话语中，知道了对方想借钱的意图，便顾左右而言他地表达了自己的困难，让对方知难而退。

有借有还，再借不难，可对于那些有借无还的人呢？我们不能碍于情面或难以开口就让自己陷入无止境的困扰，必要的时候，一定要向对方言明自己的难处，或表达自己不愿借钱的想法，避免造成不愉快。

●借口拖延

当对方提出借钱的请求时，我们可以这样说："真不凑巧，我刚把钱借给××了，他家里出了急事。现在手头上也就这段时间的生活费了。如果你不急的话，等他把钱还我，我就可以借你一些。""你也知道我要还房贷、车贷，上有老下有小，实在是帮不上忙，要不等年终奖发了借你一点儿？"用借口来拖延对方，对方也不好再坚持找你借钱了。

●幽默说"不"

任何时候，幽默都是化解尴尬、误解的最好方式。为了防止直接拒绝给他人造成难堪，不妨用幽默的话缓解紧张的气氛。你可以说："哎呀，我最近也遇到了难处，正想找你想办法呢！""兄弟，我最近兜里可比脸还干净呢！"

当然，每个人都会遇到困难，借钱也是迫不得已。对于信誉好的人，不用考虑便可以大大方方地借给对方，但对于那些有借不还或信誉不好的人，一定要委婉地表达出自己的拒绝之意。

●注意措辞

值得注意的是，不管你是自身有难处爱莫能助，或是不愿将钱借给那些有借无还的人，言语表达上一定要注意措辞得当，以免伤害对方的自尊。正所谓做人留一线，日后好相见，不能因为对方有求于你，就出言不逊，傲慢无礼，否则只会失了自己的身份。

借钱给你是情分，不借给你是本分。虽然借钱给谁是一个人的自由，但不管我们采取什么方式拒绝对方，在说出"不"之前，一定要注意以上建议，避免给对方造成伤害，或引起一些不必要的误会与麻烦。

沉默是最有效的反驳利器

倩倩和丽丽同在一家公司工作，可两人的性格却有着天壤之别。倩倩温婉柔顺，善解人意，不管和哪位同事说话，都是一脸微笑；丽丽恰恰相反，处处争强好胜，不近人情，不管是谁惹恼了她，她都会不依不饶地攻击人家，直到赢了人家才肯善罢甘休。

为此，公司的一些同事因为受不了她的暴脾气，不是辞职就是申请换部门。某天，因为一件小事，倩倩不小心得罪了丽丽，本来已经道过歉、说过"对不起"了。可丽丽始终咄咄逼人，一直在那里骂个没完。可不管她的言语怎么恶毒，倩倩都没有反驳，直到最后，才问了一句："啊，你说什么？"

本想将对方一军让人难堪的丽丽，这下可糗大了。原来，她说了半天，人家倩倩压根就没完全听清，用沉默直接回绝了她。反倒是她的得理不饶人成了全公司的笑话，大家都在背后议论说她没素质、没文化，只知道欺负别人……

看到这里，很多人可能觉得倩倩太有教养了，要是换作自己早就怒怼回去了。其实，这中间还有一点儿隐情，倩倩的听力不是很好，所以对方如果不大声说话，她可能听不清楚或完全听不到，再加上长着一张娃娃脸，看上去给人一种无辜的表情。于是，盛气凌人的丽丽一拳打在了棉花上——没回应，没有任何效果，只好悻悻而归。

每个人都喜欢听悦耳的话，当听到对方攻击自己或说一些负面的言论时，就会毫不犹豫地怼回去。殊不知，恼羞成怒的反驳，只会助长对方的嚣张气焰，将事情发展到不可收拾的地步。

要知道，反击他人的最好方法就是保持沉默，你的沉默会让对方感到无趣、没意思，进而偃旗息鼓、鸣金收兵。沉默是最有效的反驳利器，用沉默来拒绝他人，这在娱乐圈体现得淋漓尽致。

大家都知道，很多狗仔队或粉丝总会想尽办法挖掘明星们的隐私，通过曝光增加热搜度，还有一些八卦记者更喜欢刨根问底。可不管娱乐媒体如何疯狂追问，当事人往往都是三缄其口，避而不答，久而久之，此事便不了了之、无人问津了。

不仅是在娱乐圈，就连一些重要的政界新闻发言中，类似的场景也非常多见。当外交领事或一些公司董事、某些重要领域的科学家，为了不泄露重要机密或不愿回答一些敏感话题时，也会选择用"无可奉告"来搪塞过去。这不正与娱乐明星的三缄其口，是同一种表达意思吗？

沉默是金，用沉默代替言语上的拒绝，似乎更能阻止别人的挑衅与无理取闹，还能显示出自身的修养与素质。这样看起来是不是比歇斯底里、泼妇骂街的糟糕形象，更容易引起周围人的同情与共鸣呢？

生活中，很多人常常苦恼不知该如何应对他人无理的挑衅与咄咄逼人的攻势，一方面内心不屑与这样的人做无谓的口舌之争，不想牵扯到一些无关紧要的事情中去；另一方面，又觉得咽不下这口气。

这种情况，我们依然可以采用沉默来应对，不用担心会使对方难堪，因为沉默会让我们的拒绝看起来更加自然、得体。

比如，你刚进新公司不到一个星期，就有同事送请柬邀请你参加他的生日聚会。这种情况下，你自然不想去，却苦于找不到一个合适的借口，那你不妨什么都不要做，保持沉默。这不仅可以避免直接拒绝对你带来的不利影响，而对方也能心知肚明。

此时无声胜有声，沉默是最有效的应对方法。纵然我们什么都没有说，但对方却能从我们的沉默中读懂千言万语。即便对方故意打击、嘲讽你，但在你的沉默声中，也不得不败下阵来，缴械投降。

对于一个过于想要达成目标的人来说，即便我们保持沉默，他也一定会挖空心思说服我们将"不"字咽回去。哪怕我们的内心十分坚定，但只要一开口，就会掉入对方预先设置好的陷进中，趁虚而入，用他的三寸不烂之舌打败我们。如此，对方将难以避免地引起一场口舌争锋，而我们也将后悔莫及。

例如，当某家银行业务员向我们推销该行的信用卡时，不需要的话便可以不理睬对方，但如果心软或因不好意思而开口说："抱歉，我已经拥有好几家银行的信用卡了，真的不需要了。"

看起来我们是表达了拒绝之意，可对方恰恰从我们的反对声中寻找到漏洞进行反击："哦，是吗？那你每天外出都带着不同银行的信用卡，使用时一定会觉得不太方便吧！"

"还好吧！"如果我们不假思索这样回答，就正好一步一步掉进对方的陷井，让他有了可乘之机："您看您每天带着不同的信用卡多不方便呀，还是试试我们银行刚刚推出的一卡通吧。只要一卡在手，就能打遍天下无敌手。不管你是在国内还是国外，随时随地都可以享受我们最贴心的服务。而且，这个月我们做活动，办卡不仅可以免收年费，更有超值礼品免费赠送，如果您介绍您的朋友也来办卡，还可以额外享受其他优惠活动……"

怎么办？是不是感觉一步一步被对方套牢了，落入对方的圈套。更不可思议的是，自己拒绝的理由竟然变成对方推销产品的理由。事到如今，即便我们再三强调不需要办理此卡，恐怕对方也不会轻易罢休了。

所以，不管我们遇到的是诚恳的推销，还是故意的挑衅，也不管对方如何舌灿莲花吹嘘自己产品的特色，都不用理会，保持沉默就好。在我们的沉默应对中，用不了多久，对方自然就会识趣离开，因为他也不想自讨没趣，把时间浪费在一件对他而言没有任何好处的事情上。

沉默是最有效的反驳利器。在社交场合中，如果不想因为一些无效的、没有意义的言论来影响自己，我们就可以运用沉默打击对方的兴致，消磨对方的热情，促使对方主动放弃进攻。

不要犹豫，该说"不"时就说"不"

想说"不"字，并不是很容易的事，需要很大的勇气。为什么这么说呢？因为"不"字一出口就代表着拒绝，代表着否定他人的观点与意见，同时也意味着我们要面临某些东西的失去。

看似简单的一个"不"字，却让人犹豫不决，不忍说出口。即使我们再不愿意，都得面对这一切，生活中需要用到"不"的场合实在太多了。

比如，领导让你去陪客户应酬，你生病发烧却不敢反驳领导的安排；亲戚朋友找你帮忙，你怕被人说不近人情而勉为其难地应承；同事让你帮忙代班，你本来答应了要和闺蜜约会，怕得罪同事却不得不放了闺蜜的鸽子。

因为顾忌太多，我们不敢轻易说"不"，对他人的要求来者不拒。久而久之，我们便赢得"好好先生""老好人""热心人"等美称，内心却备受煎熬，痛苦万分。

古时候，一个书生非常喜欢读书，由于家中条件不好，父母对他的爱好不仅不支持，还批评他整天游手好闲、不务正业。不忍违背父母的意愿，书生只好将委屈咽在肚子里。

久而久之，书生每天过得非常痛苦。某天，他实在忍不住了，就去寺院找禅师寻求解决的办法。禅师什么也没说，只是让他在寺院中独自领悟。到了晚上，禅师问他："可有领悟到什么？"

书生答："什么都没有。"听到书生的回答，禅师便举起手中的戒尺去打书生的脑袋。书生看到禅师手中的戒尺，下意识地想要躲避，但最后还是忍着疼痛，接受了这一记敲打。

到了第二天晚上，禅师又问了书生同样的问题，结果书生还是说什么都没有悟出来。于是，禅师又举起手中的戒尺敲打了书生的脑袋。这次，挨完打后，书生一个人跑到墙角默默地哭了好久。

第三天晚上，禅师什么也没问，直接举起手中的戒尺就要打过去时，却被书生一把抓住。禅师笑了笑说："这次你终于悟到了如何拒绝痛苦。"

拜别禅师回到家后，向父母表明心迹的书生，内心不再觉得那般痛苦了。他开始专心致志地学习，并在几年后参加科举会考，取得了不错的成绩。

可以说，一个人只有对不合理的安排勇敢地说"不"，摒弃逆来顺受的错误思想，才可以坚定不移地朝着自己的目标前进，实现自己的理想与抱负。

然而，生活中难免存在很多优柔寡断的人，不管是小时候家庭环境的影响，让我们变成逆来顺受、百依百顺的乖巧性格，还是长大后妄自菲薄、自惭形秽因缺乏自信引起的自卑心理。

从现在开始，我们都要试着做出改变，委屈求全只会让我们越来越懦弱、胆小，长此以往，不仅影响自己的生活，还会阻碍我们在事业上的发展。

森林中举办了一场招聘大赛，狗和猫由于表现优异，同时成为狮子公司保安部的一员。它们各司其责，狗负责看家护院，猫负责捉老鼠，彼此间相处融洽。

当然，它们每天除了要完成本职工作外，还得做一些额外的工作。狗除了看家护院外，还要做照顾老板的孩子——小狮子、捉兔子等一些杂活儿，多做点儿事倒没什么。可令狗感到无奈的是，由于经常把小狮子的食物搞混，免不了要受到狮子的责骂与训斥。

与狗不同的是，猫对狮子让它照顾小幼崽、包揽家务活动的额外安排总是推三阻四，直言自己能力有限干不了太多的活儿，只能做好自己的本职工作。听到猫的解释，狮子也只好说："那算了，我这边重新安排其他动物去做吧！"

猫拒绝了狮子的额外安排，每天专心致志地捉老鼠，没过多久，就把公司方圆几里范围内的老鼠都抓干净了。试用期过后，猫不仅正式得到录用，还被提拔成保安部的队长。出乎意料的是，勤勤恳恳的狗则被狮子辞退了。

两年后，猫再次得到提拔，成了公司的高层领导，而狗自离开狮子公司后，虽然一直任劳任怨地看家护院，不敢有丝毫懈怠，却始终只是个小职员，未得到重用。

由这个故事你能领悟出什么道理呢？其实，很简单，不管何时何地，身处哪种环境，如果你对额外的安排来者不拒，为了做个"好好先生"而缺乏拒绝的勇气，就会让身边的人认为我们是"墙头草，两边倒"，并由此联想到我们是一个没有立场、没有主见的人。

哪怕我们不辞劳苦付出的再多，恐怕也很难得到重用，前途并不会因为任劳任怨而有所改变；反之，如果像那只机灵的猫，勇敢表达出自己的想法，坚持自己的立场，做好分内的事，就能获得老板的青睐，赢得最终的胜利。

既然如此，为什么我们不能早早意识到这一点呢？为什么不学着放下懦弱、胆小的心理，勇敢突破自我，大胆地说出内心的真实想法呢？

对领导不近人情的错误安排勇敢地说出你的"不"，为自己争取一份公平，赢得一份尊重；对亲戚免费而苛刻的不合理要求说"不"，坦承自己的辛酸与无奈，让自己获得一份理解与宽容；对朋友接二连三的求助说"不"，直言相告自己的能力与精力有限，大胆说出真实的想法，自然能获得朋友的理解，让友谊之花长存。

说"不"，不是不负责任，冷酷无情，而是学会担当，承担责任，让自己能在复杂的社交场合中更好地走下去。如果我们不懂拒绝，不敢说"不"，那就得违心地接受一些不合理的安排与请求，承受一些莫名的委屈与痛苦，甚至影响自己的心情，给自己带来一些不必要的损失。

当然，学会说"不"，并不是让我们冷若冰霜，拒人千里之外，而是让我们有自己的主见与意识，能够合理地把握尺度，提升自己的存在感，同时又不让他人看轻自己。对于那些合理的、有必要的，我们可以去做，对于那些不近人情、苛刻、没有必要的，就要勇敢地说"不"，学会拒绝。这不仅是唤起他人对我们的尊重与重视，更是对自己的人生负责。

另外，在拒绝他人的请求时，也要根据事情的轻重缓急分清主次。重要的、比较紧急的事情，要放在无关紧要的事情之前；一些举手之劳的小事，只要不违背原则，我们可以根据情况来判断是帮还是不帮。如果是那些坑蒙拐骗、违法犯罪的事，就不要再三考虑了，直接毫不犹豫地予以拒绝。

拒绝他人看似残忍，又何尝不是对他人的一种成长与历练呢？学会说"不"，我们才能坚持做自己，朝着自己的目标勇敢前行；学会说"不"，我们才能释放压力，过得开心快乐；学会说"不"，我们才能远离烦恼，过得潇洒自在。

拒绝他人，勇敢地说"不"，不仅能让我们远离胆小、懦弱的不良性格，还能突破自我，成就更好的自己。所以，不要犹豫，该说"不"时就说"不"！

逐客令——恰到好处最适宜

日常生活中，你是不是经常碰到这样一幕：当你吃饱喝足正想小憩一会儿时，突然老朋友登门造访找你闲聊；当你在难得的休息日想要外出游玩或安安静静地看书时，同事一脸哀怨地找你诉苦，东家长、西家短，侃侃而谈，没完没了。

你听着这些无关紧要的事，看着时间一分一秒地溜走，内心犹如热锅上的蚂蚁，强颜欢笑，勉强敷衍，想下逐客令却又害怕伤及对方的面子。难以启齿的你，只好舍命陪君子，结果你难得的午休时间、周末时间，就这样被白白浪费了，真让人伤脑筋。

无独有偶，王浩泽就经常为此感到头疼。他每次下班一回到家，隔壁邻居李小明就会登门造访找他唠嗑。

"今天真倒霉，本来出门挺早的，结果还是迟到了。"浩泽前脚刚进门，小明后脚就跟着进来了，"本来把房子租在这里是想上下班能近点儿，谁知天天堵车，真是郁闷。"

"哦，是吗？每天上下班高峰期，是很容易堵车的！"上了一天班回到家里，本想随便做点儿吃的，泡个热水澡后早点儿躺在床上休息，可看见小明一脸不高兴，浩泽只好放下手头的事情，坐在沙发上，耐心地听小明发牢骚。

"哎，你知道今天为什么这么堵吗？整整2个小时，车流就是纹丝不动！"

"这个我怎么会知道，咱俩上下班走的又不是同一条线路。"浩泽有些不耐烦地回答。

"我刚看新闻上说了，今天堵车主要是因为发生了车祸，说是一辆大货车因为司机疲劳驾驶，导致追尾，撞上前面一辆小轿车，最主要的是车里的一家四口全死了。听说最小的孩子才2岁，唉，车祸现场真是惨不忍睹……"

眼看半小时过去了，小明依然还沉浸在对车祸现场那家人的深切同情中，一旁的浩泽勉强应承了几句，可内心早已按捺不住，好想中止这场无聊的谈话。

犹豫了好一会儿，浩泽终于鼓起勇气，说："时间过得真快，这个点儿了我得去做晚饭了。对了，你吃了吗？"浩泽知道这个点儿小明肯定是吃过了，这样问只是想告诉小明，现在时间已经很晚了，自己不想再聊下去了。

"那你快去做饭吧，我在家里吃了过来的。"小明回答。

听到小明的答案，浩泽心里露出一丝喜悦。可没想到，小明接着说："没事，你该干吗干吗，我随便坐会儿。"

吃完饭，收拾妥当后，浩泽已经很累了，想洗完澡后就去床上舒舒服服地躺着。可小明一点儿眼力见儿都没有，反而越说越兴奋，一会说公司新来的经理如何年轻有为、风度翩翩，一会又说谁谁谁已经成了有车有房一族……

"真烦人，上了一天班累得要死，回家也不得安宁，我该怎样才能让他早点儿离开呢？"小明喋喋不休，说个没完，却一点儿也吸引不了浩泽的注意力。此时此刻，浩泽满脑子想的都是如何才能想出一个两全其美的对策，成功地将小明送走。

相信很多人被这样的问题困扰过，下班回到家想清静，想休息的时候，却总被不速之客打扰。即便你敷衍了事地回答对方，对方却依然侃侃而谈。

这种情况下，如何才能在既不得罪他人的情况下，又将我们的逐客令下达得恰到好处，让对方识趣，主动离开呢？不妨试试以下几种方法。

●委婉地提醒、暗示、找借口

委婉地提醒或暗示，比直接下逐客令更富有人情味儿一些，也可借此表明自己的态度：我的时间很宝贵，还要做其他事情，没有时间跟你闲聊瞎掰，你请自便。

比如，我们可以这样说："抱歉，我只有今天晚上才有空陪你聊，因为从明天开始，我将全力以赴投入公司的新项目。"此话表达的意思其实非常明确，即从明天起就不要再来找我了，我也没有空闲时间陪你。前半句看似是对对方的一种尊重，实则是为后面的逐客令做铺垫，是一种另类拒绝的策略。

或者也可以找一些借口敷衍对方。比如说："真不巧，这段时间家中有病人需要静养，要不咱们出去聊或者改天约个地方？"此话听起来虽然是说我们可以继续聊，但需要变换场景。

这种情况下，以家中病人需要静养为借口，恐怕对方也会逐渐失去兴致，不会为了一场无关紧要的谈话而真的约地方再聊。

●显眼处悬挂提醒标志

有些人不懂得察言观色，即便我们提醒、暗示、找借口的方法都一一用过了，对方可能压根都不会放在心上。这时，我们应该如何下逐客令呢？

别急，遇到这种情况，不妨学学电影《陈毅市长》中那位科学家的做法：在客厅墙壁贴上"闲谈不得超过三分钟"的字样或在房间显眼处悬挂一些具有提醒标志的东西，来代替我们直截了当的语言，让别人一眼就能明白我们所要表达的意思。

如此，那些闲聊的人，哪里还好意思从容不迫地侃侃而谈呢？恐怕，他们的内心也会如坐针毡吧！

●用热情洋溢代替冷若冰霜

很多人常常错误地以为，拒绝他人或不想搭理他人的最好方式，就是冷若冰霜地敷衍对方，但这根本起不到明显的作用。与其这样，还不如用热情洋溢来代替冷若冰霜，这样就会使得有些人因为主人太过热情而不好意思登门造访。

试想下，如果对方一来，我们就笑意盈盈，泡茶、递烟、削水果，对方很可能会在我们热情的举动下感到不好意思，说起话来自然也不敢太过随便。如此受拘束，长此以往，对方也就慢慢地打消找我们闲谈的兴致。

●合理建议加有效疏导

除了上面拒绝对方闲聊、下逐客令的方法外，还有一点也显得尤为重要，那就是合理建议加有效疏导。

很多时候，有些人闲聊，只是因为闲或心情郁闷，想找个人说说话，发泄一下内心的不满情绪，此时如果我们能给出合理的建议与疏导，相信也能有效地避免这些无聊之人登门造访的尴尬情况。

这样一来，帮对方疏导了不良情绪又给出了合理建议，对方有事可做，自然就没有多少时间来找我们闲聊了。

当然，如果是特别熟悉的朋友，逐客令不妨可以直接说，根本用不着煞费苦心地想办法，毕竟好朋友之间不会在意这些事情。

逐客令恰到好处最适宜，否则直言不讳的语言，很有可能就会伤了对方的自尊，给他人造成难堪。因此，学会运用以上几点方法很重要，它可以让我们的逐客令更富有人情味儿，更容易被他人理解与接受。

坚持自己的底线与原则，避免好心办坏事

提起情景喜剧《闲人马大姐》，相信很多人不会感到陌生。剧中蔡明扮演的退休女工马大姐，古道热肠，乐于助人，热衷于帮助邻里街坊处理一些鸡毛蒜皮的琐事，由此成了一段美谈。生活中，不乏像马大姐这样的热心人，喜欢帮助他人解决一些困难与麻烦。

心理学家阿德勒曾说："帮助他人，才是人类实现自我价值的最佳途径。"诚然，乐于助人是中国的传统美德，是一件值得赞扬的事，但前提是你有足够的时间、多余的精力，不影响自己的生活与工作。

否则，一味地帮助他人，而让自己陷入一种无止境的困扰，未免有些得不偿失了。毕竟，乐于助人不是嘴上说说而已，需要付出大量的时间与精力，需要落实到行动上。如果我们来者不拒，不能妥善处理两者之间的平衡，势必会把自己的生活搞得乱七八糟。

哪怕我们是古道热肠的好心人，也有自己的事情要处理、要忙，总不能放任自己的事情不做，去给他人义务劳动吧！对于他人五花八门的求助请求，若一再违背自己做人做事的原则与底线，毫无保留地帮助他人，不仅会让他人得寸进尺，还会在无形中使他人形成这样一种意识：×××是个热心人，有问题找他准没错！

我的一个邻居的儿子胡建从小就是个乐于助人的孩子，从读书到参加工作，他一直都是众人眼中的"活雷锋"，不管身边的人有什么要求，能帮的他都会尽量帮。A同事工作太忙，中午来不及点外卖，他外出吃饭时就顺便带一份回来，B同事因为有事要早走，完成不了工作任务，他也会主动把对方未完成的工作拿过来做。

　　正因如此，胡建在公司的人缘很不错，很多人乐意与他打交道。这天临近下班时，平时一个与胡建关系还不错的同事找到他说："哥们儿，帮个忙，明天周末我要和女朋友去试结婚礼服，但手头有份客户资料需要录入公司数据库，领导要得特别急，你看方便帮我加个班吗？"

　　要是其他方面的请求，不涉及公司机密，没有利益冲突，胡建肯定毫不犹豫，但这个明显违反公司规定，搞不好还会受到领导的责罚。想到这儿，胡建便直截了当地对同事说："这个公司有规定，不能随意泄露客户资料，除了对接人外，其他人都不可以经手。而且，我晚上还有重要应酬，真的帮不上你。"

　　"你这说得也太严重了吧，只是让你帮个小忙，又不是让你去做什么偷鸡摸狗的事！"对于胡建的"小题大做"，同事有些不太满意。

　　"并不是我不愿帮忙，而是涉及原则问题，总不能因为帮忙就放弃了做人的底线。你平时有需要帮忙的地方，我哪次推辞过？"胡建不为所动，依然坚持自己的观点。

　　就在两人你一言我一语的争论时，公司新进职员刘大路听到二人的对话，忙着打圆场，赶紧说："没事，胡哥，这事我来做吧！"正发愁如何说服胡建帮忙的那位同事，见有人主动跳出来帮忙，便一脸高兴地将相关资料交给刘大路就赶紧走了。

　　一旁的胡建看着不谙世事的刘大路，担心他引火烧身，便拉住他说："大路，乐于助人是好事，但一定要保持自己的原则，否则……"对于胡建的善意提醒，大路不以为然地说："没事，胡哥，我会注意的，不会有问题的。"

　　没想到，胡建一语成谶，因为刘大路的粗心大意，导致客户资料外泄，并给公司造成一些损失。大路差点儿就被公司开除。最后，还是胡建帮忙求情，此事才得以解决。

　　与胡建的深思熟虑相比，胸无城府的职场新人刘大路显然太过单纯。胡建的观念就是：帮人可以，不能触碰自己的底线与原则。

所以，当后来心情郁闷的大路找胡建诉苦时，胡建便意味深长地对他说了这样一番话："虽然好心助人会为自己赢得一个好人缘，但自己一定要坚持原则，不能为了帮助他人就丧失做人的底线，否则，一不小心就会惹祸上身！"

毕竟，每个人都有自己的事情要忙，如果出于好心，违背自己的原则与底线，到最后就会吃力不讨好，好心办了坏事。不仅得不到他人的感谢，反而还会让自己陷入无谓的争端。

我们不能为了赢得他人的称赞，为了拉拢双方之间的关系，就放弃自己的原则。虽说乐于助人是一件好事，但凡事不能过度。我们必须牢牢地掌握帮人的尺度，就像胡建一样，懂得什么该帮，什么不该帮。

这就好比一个不会游泳的人，因为热心肠对失足落水的人进行施救，这不是帮倒忙、自找苦吃吗？不会游泳的我们，只会制造出更多的麻烦。

当然，这样说并不是让我们袖手旁观、置之不理，而是在帮人前先自我衡量下，找到一个平衡点，把握合理的尺度。对那些不合理、有违道义的请求说"不"，坚持自己的底线与原则，避免好心办坏事。具体怎么做，不妨从以下两个方面来入手。

●开诚布公，说出真实理由

对于他人提出的帮忙请求，千万不要给人一种欲拒还迎的感觉，否则会让人以为我们矫情，故意耍手段，抬高自己身份。与其这样，还不如开诚布公地说出真实的理由。

比如，"我今天真的有很重要的事情要处理，实在是帮不到你"，这样的话说出来，大部分人能体谅我们的为难之处，也不好再蛮不讲理地赖着我们，非要请我们帮忙了。

●时刻谨记自己的原则

为人处事，社会交往，我们必须给自己建立一个明确的个人原则，并时刻谨记，这样才不会在他人甜言蜜语的攻势下轻易败下阵来。

而且，我们的原则与底线不能太过随意，更不能三天打鱼两天晒网。否则，所谓的原则根本起不到作用，只会沦为他人茶余饭后的笑料。

总之，在帮助他人时，我们一定要牢牢守住自己的底线与原则，学会拒绝不合理的要求，这样才能远离一些不必要的纷争与麻烦。

Chapter 2 / 珍惜时间：
别让无谓的人浪费你的生命

　　"一寸光阴一寸金，寸金难买寸光阴。"可生活中偏偏就有那么一些人，总把别人的时间不当回事儿，毫无理由地占用不说，还要拉着别人和他们一起疯。属于自己的时间，却被人任意挥霍浪费，自己反而成了受气包。

　　所以，要想不被那些无谓的人浪费时间，就要学会管理自己的时间，远离无效社交，做时间的主人。

拒绝分外工作：大声说出"我很忙"一点儿都不难

人在职场，难免会遇到同事求助。这个忙，你帮还是不帮呢？如果不帮，同事有可能完不成工作任务，进而拖慢整个团队的进度。而且，作为一个团队的成员，工作上团结协作、互相帮助，也是十分必要的。

如果选择帮忙，有可能会影响自己的工作和生活，耽误自己的时间。所以，面对同事的求助，究竟要不要帮？我的意见是，如果同事只是请你帮一个小忙，不耽误你的正常工作和休息，你可以顺手帮一把。

但是，如果同事提出的要求很"过分"，已经远远超出你的工作范畴，需要牺牲你的时间，耽误你的正常工作，这时你应该坚决地拒绝，大声地说出："我很忙！"不过，在拒绝同事要求的分外工作时，你的态度要坚决，语气要委婉，不要因为简单粗暴的态度，伤了同事之间的和气，造成不必要的麻烦。

我有一个朋友小陈，最近就遇到这样的"过分"要求。小陈是单位里的技术骨干，工作能力很强，很受领导器重，同事们也很佩服他。可是，他也常常因为能力强而遇到一些"非分"的要求。

有一次，财务科的王姐找到小陈，对他说："小陈，你能不能帮我一个忙，这月的财务报表明天就要交了，可是我今天确实没时间了，下午还要去工商局办事。你能不能帮我把这张表填了，具体的填写方法我都给你写好了，不用花很长时间，你能帮帮我吗？"

小陈不是专业财务人员，面对这样的请求，他感到非常无奈和烦躁，于是语气生硬地回答："我是技术工又不是财务，你这不是为难我吗？而且，这不是我分内的工作，我也很忙，你找别人帮你吧！”

其实，张姐未必不知道自己的要求很过分，所以她也没有期望小陈一定会答应，只是抱着试一试的态度向小陈求助，如果小陈不同意，她就会再找别人。可是，由于小陈拒绝的态度不是很好，张姐反而生气起来，无理也变成了有理。她气冲冲地对小陈说：“不帮就算了，说话何必这么难听！不要以为自己是技术骨干，就能对别人这么不客气！”

撂下这几句话，张姐就摔门走了。从这件事以后，她对小陈说话总是阴阳怪气。张姐是财务部的，小陈在办理财务相关手续或者报销时，常常会被张姐刁难，这都让小陈觉得苦不堪言。

他实在不明白，自己明明只是拒绝了不是分内的工作，为什么会被张姐这样对待。周围有好心的同事提醒他，说他对张姐说话太直了，得罪了张姐，最好给张姐道个歉。于是，小陈为了以后的工作能顺利一些，只好勉强地给张姐道了歉。但是，小陈始终感觉张姐对他的态度怪怪的。

职场上，像小陈这样能力强、有原则，但说话水平不高的人有很多，像张姐这样小肚鸡肠、斤斤计较的人也有很多。小陈能守住自己的底线，明确地拒绝自己分外的工作，这一点值得肯定，也值得学习。但是，他拒绝的言辞还可以再委婉一些。

俗话说“宁得罪君子，不得罪小人”，职场上的人形形色色，因为一句话而得罪人的现象并不少见。你在守住底线、拒绝别人时，也要懂得不给自己找麻烦。

我们都知道，没有原则的人，无法在职场上立足。但像小陈这样只有原则、没有技巧，也是职场大忌。轻则导致同事间的关系变差，工作中无法和谐相处或者互相配合；重则让自己被同事孤立和排挤，难以在单位立足。

面对非分的要求或者被安排的分外工作，有的人像小陈一样拒绝得很生硬，还有的人干脆不懂拒绝，总是被动接受。其实，这两种情况都是不懂得合理拒绝造成的。

作为一个职场人，你要怎样合理地拒绝同事的非分要求和被安排的分外工作呢？首先，倾听对方的烦恼，让对方把要求说出来。倾听的好处有两个：一是让对方感觉到自己被尊重；二是可以先了解情况，再根据情况想好合理的说辞，拒绝对方。

拿案例中的小陈来说，假如他在拒绝张姐之前，可以仔细听听张姐要填的是什么样的报表，需要多长时间，然后再对张姐的难处表示理解，最后委婉地拒绝，向张姐表示自己并不擅长财务工作，有可能会造成错误，而且自己手头的工作任务也很重。

相信经过这样一番解释，就算张姐再小心眼儿，也没有理由责怪小陈不肯帮忙了。当你倾听完对方的要求后，就要组织语言拒绝对方了，可以根据对方的要求和性格采取不同的拒绝方式：

●用幽默来委婉拒绝

对于那些心胸比较开阔的同事，我们可以用幽默的方式拒绝对方的要求。可以一起来看看这样一个小故事：张明在公司担任要职，经常接触一些机密商业计划。有一次，他的同事兼好友向他打听公司的最新并购计划情况，张明知道这是公司机密，对任何人都不能随便说，所以用幽默的方式拒绝了对方的询问。

张明悄悄地对那位同事说："你能保守秘密吗？"

对方说："没问题！我当然可以！"

"哈哈，我也可以哦！"张明笑着说。

听到这句话，那位同事很快明白了张明的意思，并且被他的幽默逗笑了，也没有再继续追问下去。张明从头到尾都没有说一个"不"字，却用含蓄和幽默的方式，委婉地拒绝了同事的越界提问。张明的做法，既保全了对方的面子，也达到了拒绝的目的。

试想一下，如果张明拒绝时表现得声色俱厉，同事会怎么想？恐怕会立即对张明心生不满，让两人原本的和谐关系受到影响。

●拒绝的同时，帮一些小忙

在拒绝的同时向同事表明自己愿意帮其他的一些小忙，这也是婉拒同事非分要求和分外工作的好方法。

你可以这样说："真是不好意思，我现在手头上的事太多，确实没有办法帮你。要不，你先问问其他人？你实在忙不过来的话，我中午帮你带饭，下午的快递我也一起帮你签收，你看这样可以吗？"

这样的说辞，可以让对方心平气和地接受你的婉拒，同时也不好意思再"强人所难"。

●含糊其辞，巧用"拖字诀"

对一些要求，不好明确说"不"，这时就可以巧用"拖字诀"。比如，有同事说："今天下班了有空吗，我们顺便去拜访一下客户吧！"这个时候，你就可以说："今天家里有事，实在没空，下次吧！"

下一次是什么时候？你并没有给出一个明确的时间，而是含糊其辞。但是，同事可以从你的表述中听出，你拒绝在下班以后拜访客户。不过，含糊其辞和拖延的拒绝方法，不可以频繁使用，这样会给人敷衍、拖沓、不好合作的印象，有损你的职业形象。

总而言之，面对同事提出的非分要求以及分外工作，一定要明确拒绝，不要让不属于你的事浪费你的宝贵时间。但拒绝也要讲究方法，做到既表明态度，又照顾对方的感受。只要掌握了上文中的拒绝方法，你会发现说出"我很忙"，一点儿也不难！

拒绝无理要求：总有些"脑残"客户挑战你的忍耐极限

身为职场人，你一定知道哪种人最难拒绝，他不是同事，也不是领导，而是客户。销售员每天要面对客户，即使不在销售岗位的人，也免不了要和客户打交道。在人们的普遍观点中，客户就是衣食父母，客户就是上帝。

所以，我们习惯了一切以客户为先，想办法满足客户的一切需求。遇到刁钻、蛮不讲理的客户时，不要说拒绝，就连说一句话都要考虑再三，生怕让客户不满意，进而取消订单、拒绝签约，甚至投诉我们。

在这样的思维惯性下，很多销售人员觉得，拒绝客户是一件不可思议的事。那么，面对客户的无理要求，你只能选择接受吗？如果客户的想法出现偏差，你也只能一味地顺从吗？答案当然是：不！

拒绝客户的无理要求，是一位销售人员的原则和底线，也是一位优秀销售人员必备的技巧。客户不是上帝，当然有犯错的时候，你完全可以通过某些手段让客户意识到自己的错误，或者用委婉的表达来拒绝。也许这样会失去客户，但这是你为了坚持原则和底线必须做的。

不过，有时候你的拒绝也许会收到意想不到的效果，有的客户说不定会对你留下深刻印象，最后顺利成交。

我的一个朋友是一家汽车4S店的经理。有一天，一对夫妇来到他的店里，这对夫妇买车比较挑剔，他们在各种车型之间挑来挑去，不停地换各种车型进行试驾，并提出各种要求，把店里的销售员弄得手忙脚乱。其实，他们的目的就是想把价格压得更低一点。

后来，销售员实在受不了了，就生气地对这对夫妇说："你们去别的店吧，我不卖你们了。"我的那位朋友，也就是4S店的经理看到后，赶忙过来对这对夫妇道歉，并亲自做起了介绍。

他非常崇拜美国的成功学大师卡耐基，经常拜读这位大师的作品。卡耐基书中的一句话令他印象深刻："不要试图强求那些犹豫不决的人买车子，学会拒绝他们一些看似奇妙的想法，引导他们自己决定，让他们自己拿主意。总之，让他们感觉买到什么样的东西是自己的意思。"

面对这对夫妇的挑剔和疑问，以及接连不断的试车要求，我的这位经理朋友这样回答：

当客户选了一辆比较小的车，他说："这辆车你们很喜欢吗？你可以试驾一下，但是我觉得这车对你们来说有点儿小。"

当客户选了一辆价格比较高的车，他说："这款车的性能确实很棒，可是它的售价是50万，你是不是觉得太贵了。"

当客户请他提出建议时，他说："我觉得这辆车不太符合你们的气质，颜色太死板了，性能也很一般。"

最后，在这位朋友的引导下，这对夫妇没有再没完没了地试车，而是很快选到自己满意的汽车。过了几天，这对夫妇到店里提车，其中的妻子对我的朋友说："你是我见过的最棒的销售员，我老公的脾气不好，很多销售员被他弄得不胜其烦，最后都不敢跟他说话了。只有你不一样，把他反驳得无话可说！"

为什么这位经理可以顺利地成交呢？原因很简单，他没有一味地顺从客户，敢于对客户提出不同意见。客户也是人，喜欢听赞美的话，可是赞美在有些时候并不能起到实际作用，不但不能帮客户做出选择，还浪费了彼此的时间。

如果你像故事开头的那位销售员一样，客户说什么都答应，客户选什么都说好，最后的结果就是：客户不买单，自己受委屈。但是，这位经理的做法就不一样了。他不动声色地拒绝客户的无理要求，帮客户剔除不合适的选项，让客户买到满意的汽车，也省去自己的很多麻烦。

通过这个朋友的故事，我们可以看出，客户不是不能拒绝，只不过拒绝客户时要讲究方法。有的销售人员在与客户打交道的过程中，会走上两个极端：要么一味地顺着客户，要么不断地否认客户。第一种方法会让自己委屈，还有可能达不到目的；第二种方法则会让客户产生对抗情绪，也不可能顺利成交，所以这两种方法都不可取。

你可以把这两种方法综合一下，运用先肯后否、欲抑先扬的技巧，先肯定对方有道理的地方，再提出自己的不同意见，委婉地拒绝对方或者想办法改变对方的观念。这样一来，客户就会很容易被你说服。

不过，在对客户运用"先肯后否、欲抑先扬"的技巧时，要注意以下两个细节。

●不要一开口就说"你错了"

有的客户会听信一些谣言，然后用这些道听途说的错误信息来反驳你、怀疑你。这时候，即便你清楚地知道这位客户错得离谱，也不要一开口就说："你错了！"正确的做法应该是先顺着客户的思路走，再站在他的角度引导他，让他自己发现错误和矛盾，这样才能从心里认可你。

我曾经有一位同事，她的口头禅是："你也是这么认为的吧！"无论她提出什么不同意见，都会在最后加上这样一句话，既表达了自己的观点，也让对方有台阶下，还可以让对方顺着她的思路想一想自己的观点是不是真的无懈可击。这是所有销售员都应该学习的说话技巧。

●把主动权让给对方

在有的客户看来，自己是高人一等的，他认为销售员有求于他。当他听到销售员的生硬拒绝时，会感到恼怒，感觉自己被伤害了。

所以，你在运用"欲抑先扬"的方法委婉地拒绝客户时，要把主动权让给对方，不要一股脑地向客户输出自己的观点，而是要学会倾听客户的心声。在客户说出自己的想法时，你要适时地表达自己的赞同，让客户感觉到你对他的尊重和理解。

等客户说完以后，你再进行引导和沟通，客户会更容易接受你的建议。从表面上看，是客户在主导谈话，但实际上，是你在引导客户顺着你的思路想问题，这样会更容易促成你们之间的合作。

客户不是全知全能的上帝，不具有天然的正确性，我们没有必要一味地顺从他们。面对客户的无理要求，我们要坚决地说"不"，因为妥协只会让客户得寸进尺。不过，拒绝客户也是有技巧的，如果你能做到有巧妙地拒绝和说服客户，说不定会有意外的收获！

拒绝同事聚会：抱歉，我真的不能陪你疯

　　同事之间的聚会有很多种，有的是几个关系好的同事发起的，一般以娱乐放松为主，偶尔参加这样的同事聚会，不失为一种放松身心的好办法。有的聚会则是例行公事，一般以公司或部门团建为目的，这样的聚会就像工作，让人无奈又无法避免。还有一些聚会，是为了迎合某位领导或上司，实在令人生厌。

　　但是人在职场，身不由己，我们总会收到这样或那样的同事聚会邀约。如果每个都参加，会浪费大量的时间和精力，而且长此以往，身体也会吃不消。所以，面对同事频繁的聚会邀请，你要学会拒绝："抱歉，这次我真的不能陪你疯！"

　　前段时间，我的朋友徐涛因为酒精过量被送到医院，经过一夜抢救，才脱离危险。而这已经是他一周内第三次醉酒了，身体好转后，徐涛仍然心有余悸，决定以后再也不会随便参加同事聚会了。

　　徐涛的单位里，年轻的单身男同事比较多，这些同事中，有的人比较爱热闹，很喜欢发起聚会，渐渐地同事聚会就成了家常便饭。徐涛在单位的人缘很好，平时经常和大家称兄道弟，所以每次同事聚会，他都会收到邀约。

　　一开始，徐涛很喜欢这样的聚会，每约必到，而且乐此不疲。可是时间长了，他慢慢感觉到了疲惫。同事聚会时，总是免不了要喝几杯，每次参加完聚会的徐涛，都是一身酒气，而且第二天也会因为宿醉而头痛，严重影响工作。

　　徐涛下班后也会有一些自己的安排和计划，比如健身、读书、学英语等，但是这些计划和安排常常因为各种各样的同事聚会而被打

乱。他觉得自己的生活和工作都被没完没了的同事聚会扰乱了。

可徐涛这个人好面子，根本无法拒绝同事们的热情邀请，况且他也不想把同事之间的关系搞僵。然而，就是因为抹不开面子，徐涛在一周内连续醉酒三天，最后被送到医院抢救。

那天，徐涛因为前天晚上喝醉有些难受，本来准备早些回家休息，可是刚下班，他就收到同事的邀请："今天晚上我请大家唱歌，涛哥一定要来啊，要不然就是不给我面子。"听到同事这么说，徐涛实在说不出拒绝的话来，只好硬着头皮去参加了，最后的结果，大家当然都已经知道了。

徐涛的经历一定能引起很多人的共鸣，也许你就有过这样的经历。在疲于应付各种同事聚会时，却没有意识到自己的生活和工作已经受到严重的影响，时间都被浪费在推杯换盏之间，自己真正想做的是却没有时间做，连身体也因为大鱼大肉和酒精变得越来越差。难道你真的要等到像徐涛一样进了医院，才能学会拒绝吗？

很多人会说："毕竟这是同事的邀请，平时抬头不见低头见，我怎么好意思驳了人家的面子呢？"话虽如此，可是只要你仔细想一想，自己的工作、生活还有健康与同事的面子孰轻孰重？

只要想明白了这一点，你就能做出正确的取舍了。面对频繁的同事聚会，我们一方面要学会在聚会时节制自己，另一方面还要学会拒绝同事的邀请。你可以从以下几点做起。

● 和朋友说明情况

你可能会觉得开不了口，不好意思拒绝对方，但是只要如实和同事说明情况，相信他们一定能够理解。

比如，你因为身体不舒服不能参加聚会，就可以对同事如实相告："真是不好意思，我这两天身体有点儿不舒服，今晚的聚会我就不参加了。毕竟你也不希望看到我第二天躺在医院吧，这两天就让我休息一下，要不然身体真的受不了。"

同事知道你的情况以后，一定不会再勉强你去参加聚会，甚至还会关心你的健康状况，平时对你多加关照。所以，与其硬撑着勉强自己，倒不如和同事说明现状。

●做到理性和节制

有些同事聚会，是你无法推脱的，比如公司团建或者项目完成后的庆功会等。面对这种聚会，你要做到理性和节制：拒绝大量饮酒、胡吃海喝，为自己设定一条警戒线。一旦超过警戒线，你就要提醒自己不要再多喝了。

如果此时依然有同事劝酒，你不妨这样对他说："今天我实在喝不了了，最近身体有些不舒服，等改天状态好了，再专门陪你喝一次，你看这样可以吗？"相信只要是讲道理的人，就一定会理解你的难处，不会再强行劝酒。

●根据承受能力选择是否参加聚会

过多的同事聚会不仅浪费时间，伤害身体，还会增加很多金钱上的花销。尤其是对赚钱不多的职场新人来说，收入有限，不要轻易地把金钱花在可有可无的聚会上。

你可以这样对同事说："我这个月刚交了房租，剩的钱不多，没办法跟你们出去玩了，下次有机会再去吧！"只有合理地规划自己的金钱和时间，并严格地执行，才不会被频繁的聚会弄得焦头烂额。

●不要把时间浪费在聚会上

你有没有想过，有时候你不拒绝同事聚会，并不是不会拒绝，而是你根本不愿意拒绝。但是参加完聚会后，你又会为自己的决定感到后悔，觉得浪费了大好时光。

所以，真正地杜绝因过多的聚会而浪费时间，就要时刻提醒自己：珍惜时间，不要把它浪费在聚会上。下班后，你可以做自己喜欢的事情，或者去健身房锻炼身体，或者通过学习充电提升自己等，必要的时候可以关闭手机拒绝所有的邀请。

相信这样坚持一段时间以后，你一定会养成良好的工作和生活习惯，不再是聚会上的常客。

过于频繁的同事聚会，不仅于工作和生活无益，还会损害你的身体健康。任何时候，你都要抓住重点，摆正心态，做真正对自己有益的事情。面对不想去的聚会邀约，我们该拒绝时就要拒绝。

拒绝干涉私生活：离我的生活远一点儿

如今人人都在谈论如何把生活和工作分开，但是真正能做到的人却很少。当工作和生活被混为一谈，连同事也搅进了我们的私生活时，我们的工作和生活都会变得一团糟。

把工作和生活分开的第一步，就是拒绝同事或领导干涉私生活，可是很多人遇到这种情况时，会显得六神无主，想拒绝可又不知道如何拒绝。

为什么会出现这样的情况呢？明明有的人在工作中很懂得社交礼仪，也非常会为人处世，可是一旦涉及同事干涉私生活的问题，就会变得顾虑重重，不会干脆利落地拒绝。我认为，主要在于不愿得罪同事，怕双方关系变得生分。

有的同事关心别人的私生活并不是出于恶意，只是由于界限感不强，导致行为越界。对于这种人，如果我们用很生硬的语言严词拒绝他，可能会伤害他的感情，也会损害彼此之间的关系。所以，如果我们想要拒绝工作场合谈论"私生活"或者同事干涉私生活，就要掌握技巧，让语言"转个弯"。

我的侄子小周就很懂得让语言"转弯"的技巧。他是一家商贸公司的职员，平时工作勤奋努力，为人谦和有礼，很受公司老一辈同事的喜爱。有一次，公司的一位同事方姐邀请小周下班一起吃饭，说要给小周介绍一个漂亮的女朋友。

这位方姐是公司的老前辈，年龄比较大，平时大家都非常尊敬她，她本人也是一个热心肠，平时很关心公司里的年轻人。

面对方姐的关心，小周觉得很为难，因为他现阶段的生活重心都放在工作和学习上，暂时还没有交女朋友的打算。但是，他很感谢方姐的好意，不想很直接地回绝，让方姐感到没面子。

于是，他想了想后，对方姐说："谢谢方姐这么关心我，可是您知道，最近我忙着考证的事情，就算认识了人家女孩子，也没有时间关心她。谢谢您把我的事放在心上，明天我请您吃午饭！"

"哦，这样啊！说的也是，你最近是挺忙的！那算了，等以后有合适的，我再给你介绍。"

"好的，谢谢方姐！"

就这样，方姐并没有因为小周的拒绝而生气，两人之间也没有因此而产生隔阂。当你面对同样的问题时，会不会像小周一样巧妙地应对呢？也许你会直接说："不用了，我最近不打算找女朋友。"这样说的确能达到拒绝的目的，但是却会在不经意之间得罪同事，给彼此的关系蒙上一层阴影，让原本的和谐关系变得尴尬起来。

小周的"拐弯"技巧值得学习，让语言"拐弯"，就是不要把话说得太直。如果你能把拒绝的话说得委婉动听，就不会让自己陷入左右为难的境地，也能照顾到同事的感受，不会伤了对方的面子。相反，如果说话太生硬，就会让同事觉得你在针对他。

职场上的人际关系既微妙又复杂，大家既是同事又是上下级，还有可能存在竞争。职场上的人和事一旦掺杂到私人生活中，也许会带来无尽的麻烦。

所以，在职场上要尽量少谈"生活事"，做到公私分明。如果你不想让同事插手你的生活，也要勇敢地说"不"！不过，在说"不"的时候，要记得让语言"转弯"，既要让别人体会到你的难处，不再为难你，也要传达你的善意，维护同事之间的关系。

让语言"转弯"的关键技巧，有下面三点。

●说话要和气

如果你在拒绝同事时态度恶劣，语气生硬，甚至表现得十分不耐烦，那么无论你的理由多么合情合理，都无法让对方信服，只会狠狠地得罪对方。

比如，同事为了他孩子的上学问题请你帮忙，但是这个忙你实在帮不了，就一定要用十分和气的说话方式表示拒绝："你肯请我帮忙，是对我的信任，谢谢你。我也很想帮你，毕竟孩子上学是件大事，可是我实在没有这个能力。但是，我一定会帮你留意这方面的消息，看看还有什么其他的办法。"

同事听了你的解释，一定不会再勉强你。这几句简单的话语中，已经包含了以下几条信息：

表达了歉意和谢意，不让对方感到太强烈的挫败感。

表明了态度，你的确无能为力，让对方没有理由再强人所难。

说明了原因，无法帮忙是"对事不对人"，是客观上帮不了忙，并不是主观上不愿意帮忙。

表达了对同事的关心，承诺会帮对方留意和打听孩子的择校信息，消除了双方的隔阂。

●托词要让人信服

我们在拒绝别人时常常会找各种理由和托词。不过，如果托词太敷衍，不能让人信服，还不如不用。

闻芳是一个很漂亮的女孩，她初到公司就吸引了不少男同事的目光，其中还有一些男同事想追求她，小董就是其中之一。

有一天，小董想约闻芳一起吃晚饭，闻芳想了想说："谢谢你小董，我才刚进咱们公司，还有很多不懂的地方。老板也跟我说了，希望我能利用业余时间多学习，提高业务能力，让我报名参加了公司的销售技巧培训课。我最近这段时间都要加班补习，晚饭都是在公司吃的。所以，我实在没有时间，等以后工作走上正轨，咱们再叫上部门的同事好好聚一聚，你看可以吗？"

听了闻芳的话，小董没有再说什么，之后也没有再对闻芳紧追不放了。

面对闻芳的拒绝，小董的心中或许会感到些许遗憾，但是他对闻芳的理由也无法反驳。因为闻芳的托词有理有据，既说明了客观原因，也维护了小董的自尊心，让小董知难而退。

●借力打力，巧用玩笑拒绝

借力打力就是顺着对方的话，然后用开玩笑的方式拒绝对方，这样双方都不会感到尴尬，也能达到拒绝的目的。

比如，一位女同事经常打听你的私事，而你不想回答对方，就可以说："XXX，你每天这么关心我，小心家里那位吃醋哦！哪天你老公和孩子跑到公司找我算账，你可要给我作证，不是我主动的哦！"如果这句话被其他同事听见了，效果会更好。大家一起哈哈大笑，可以化解尴尬，而且对方也会明白你的意思，从此不再对你的私事刨根问底。

如果同事干涉了我们的私生活，不管对方是有心还是无意，我们都要委婉拒绝。在保护自己隐私的同时，也要维护同事之间的关系。

因为同事和领导不是我们的家人和朋友，不会轻易地原谅和包容我们，所以我们在拒绝他们时，要让语言"拐弯"，给对方一个台阶，给自己一条退路！

拒绝滥好心：我没有义务给你收拾烂摊子

相信每个职场人都问过自己这样的问题：职场上，要不要做一个"好心人"？同事拜托你做一些琐事，比如打印文件、收发快递、接打电话、偶尔跑腿等，到底要不要做？

偶尔当一次"好心人"，还能接受；但长此以往，"好心人"就会变成"滥好人"。热心助人是职场上的"好心人"，主动帮助他人是职场上的"模范生"，有求必应就是职场上的"滥好人"了。

每个"滥好人"都有一颗"滥好心"，他们总是先人后己，优先考虑他人的需求，把自己的需求放在最后。同事一有急事或者小差事就会推给他们，收拾烂摊子的永远是他们，而他们永远都不懂得拒绝，最后只能把自己逼到死胡同。你看，"滥好人"不仅不会得到他人的感谢，还会让他人变本加厉地麻烦自己。

我的邻居刘凯就是一个这样的"滥好人"。他在公司很受同事欢迎，每个遇到他的人都会和他聊上几句，他的身边总是一片欢声笑语。为了维持好这份关系，刘凯也经常帮同事做一些小事。

刚开始的时候，仅限于打印文件、收发快递之类的小忙。慢慢地，刘凯和同事的关系越来越融洽，同事们对他也越来越"不客气"，经常请他做这做那，甚至本职工作上的事也会请刘凯代劳。

在团队里，每天最后一个下班的一定是刘凯，他总是要帮同事处理一些烂摊子，或者加班赶自己被耽误的工作进度。其实，刘凯的工作也不轻松，可是同事请他帮忙时，他总是不好意思拒绝。

刘凯完全明白自己的做法是不对的，看着自己办公桌上密密麻麻的工作报表，他心里明白自己应该先完成自己的工作。可是，每当他向同事们暗示自己的工作也有很多时，同事们好像没看懂，依旧毫不客气地使唤他。

面对这种情况，刘凯只好一边生闷气，一边帮同事做事，同时还要担心自己的工作无法完成。由于长期当"滥好人"，把时间浪费在为同事跑腿、收拾烂摊子上，刘凯的工作任务反而无法完成。

最后，经理找到刘凯，给他下了最后通牒：如果这个月再完不成工作任务，就不仅仅是扣工资了，公司会考虑把他调到最偏远的分部去。

当一个"好心人"本来是一件好事，因为帮助别人是一种美德，也能借此和同事搞好关系。刘凯就是因为太看重同事关系，才会不懂拒绝，变成一个"滥好人"。做好事要适度，帮助别人也要量力而行，更要在做好自己本职工作的前提下帮助别人。

你要明白，公司请你来上班，是要你发挥自己的专业技能，为公司创造价值，而不是请你来跑腿和收拾烂摊子。如果同事请你帮他收拾烂摊子，在不耽误自己工作的情况下，可以为他提供适当的帮助，一来可以表现你的能力，二来可以搞好同事关系。

但是这样的情况一再发生，你就要学会拒绝了。你可以直接说："不好意思，我现在有点儿忙，等会儿忙完再帮你可以吗？"这么说不是自私自利，而是告诉对方你自己也有事情要马上处理，知趣的人一定会默默走开。

如果遇到不知趣的同事依然不依不饶，你完全可以再重复那句："不好意思，我现在有点儿忙，等会儿忙完再帮你可以吗？"或者"抱歉，我真的没有时间"。然后，给他看你的工作任务和工作安排，把事实拿出来，让对方无话可说。

心理学专家指出，不懂拒绝的"滥好人"是很难成功的，因为他总是在分担别人的事，没办法全神贯注地投入自己的工作。而且，他们习惯于顺从别人，没有鲜明的观点和意见，在公司里就像一个"隐形人"，这样的人是很难有升职加薪的机会的。和同事搞好关系是应该的，但是不懂拒绝，一味地"滥好心"，却是不可取的。

现在的职场环境越来越恶劣，"滥好人"受欺负已经是一个屡见不鲜的现象了。所以，遇到同事要求帮忙收拾烂摊子，一定要三思而后行，这是职场上自我保护的必要手段。

俗话说"升米恩，斗米仇"，有的人帮助了几次，后面不再帮他，他还会怨恨你。帮了一部分人，还有一部分人没有帮，那些没有得到帮助的人也会心生不满。对任何人都"滥好心"，实在是一件吃力不讨好的事情。

拒绝"滥好心"，不是说任何忙都不能帮，而是要有技巧地帮。做好事不留名，于个人道德来说，是一个很高的境界，但这种做法在职场上并不明智。职场"好心人"做了好事，还是要留名才好。

关于如何拒绝"滥好心"，适度帮忙，我有三招。

●帮人帮在明处

工作上的相互帮助没有必要隐藏，帮助了谁，帮他做了什么，都应该摆在明处，更应该让上司知道。这不是邀功，而是自我保护，把事情做在明处，才能让人无机可乘。如果你帮人帮在明处，那些喜欢暗中占便宜或者想窃取别人劳动成果的小人，就不会找上你。

●帮值得帮的人

那些为了自己偷懒而找你帮忙的人，显然不值得帮忙。那些得了便宜还卖乖，把别人的好意当作理所当然的人，也没有帮助的必要。对于那些知恩图报，或者真正需要帮助的人，你应该及时地施以援手。

●先己后人，做好本职工作

做好本职工作是一个职场人士最基本的素养。帮助别人之前，应该先做好本职工作。从刘凯的案例中我们可以看到，不顾自己的本职工作，帮助别人的人，是不会受到上司夸奖的。

小时候，父母和老师教育我们，要做一个乐于助人的好人，这个道理没有错，在以后的人生当中，我们也应该践行。

但是职场的经验和教训也告诉我们，永远不要当一个"滥好人"，好事做得太多，别人不一定会感激你，也许你还会因为"滥好心"而掉进别人挖好的坑里。帮人之前，要擦亮眼睛，看清楚哪些人值得帮，哪些人不值得帮，不值得帮的人要委婉拒绝，值得帮的人要有技巧地帮。

拒接当"受气包"：你又不是全能王，办不到不丢脸

很多职场人士，尤其是职场新人，都会有这样一个观念，那就是：上司的话，是不能拒绝的；上司安排的工作，无论如何都要完成；面对上司的要求，是不能说不的。

的确，上司是我们的直接领导，可以直接决定我们能否升职加薪，以及在这家单位的前途，所以很多人对上司抱着一种仰视的态度，对上司的要求从来不说"不"。

难道就因为上司的职位比我们高，我们就要百分之百顺从上司吗？哪怕上司提出的要求远远超出我们的能力范围也不能拒绝吗？当然不是！想对上司说"不"，确实不是一件容易的事，不仅需要勇气，还需要一些技巧和方法。

我的两个好朋友郭悦和刘晓丽，就用两种不同的方式对上司说"不"，最后得到的结果也不同。郭悦和刘晓丽在同一家公司工作，上个月，她们公司空降调来一位新上司。新官上任三把火，这位新上司一来公司就提出一套改革方案，把公司的工作模式和工作时间都做了调整。

改革方案一公布，公司的同事都在私下议论，郭悦和刘晓丽也就新的改革方案进行了讨论。她们一致认为，公司的新方案大规模地改变了过去的框架和模式，为大家的工作增加了很大难度和障碍，也会为公司带来很多麻烦。

而且，新上司对工作任务也做出新的安排，对大多数员工来说，新的工作任务很不合理，也很难达到。为了体现所谓的"民主"，这

位新上司还召开了专门会议，来听取大家的意见。在会议上，虽然很多人的内心是反对的，但大多数人选择了沉默。

这时郭悦站了起来，勇敢地当面提出反对意见，并洋洋洒洒地说了一大堆这个方案的不合理之处。新上司的脸色变得越来越难看，他生气地说："在你眼中，我这个方案是一无是处，那为什么你不是领导呢？！"

最后，会议不欢而散，新上司也没有接受郭悦的意见。刘晓丽也反对新的改革方案，但她并没有像郭跃一样当众反驳新上司，而是把自己的看法和上司的方案进行结合，整理成文档，通过邮件发给新上司。

新上司看过邮件后，把刘晓丽请到自己的办公室，两人就这个新方案展开深入的讨论。两人之间没有发生激烈的争吵，而是心平气和地进行了交流。新上司听取了刘晓丽的建议，并对新方案进行了修改，对大家的工作任务进行了重新安排。

面对下属充满敌意的质疑和否定，很少有上司能心平气和地接受，更何况是在公开场合。郭悦急着发表自己的想法，却忽略了上司的感受和想法，所以她不仅没能让上司接受自己的意见，反而让局面变得更糟糕。

反观刘晓丽，她没有直接在公开场合对上司表达反对和拒绝，而是选择私下表达自己的看法，并且把自己的想法通过邮件向上司提出，给了上司一定的缓冲时间，让上司能够充分反思自己的决策。上司发现自己的要求不合理之后，就会顺着刘晓丽递的台阶下来，心平气和地与她沟通，效果自然更好。

作为下属，上司的合理要求要接受，不合理要求要懂得拒绝。但是在拒绝上司的不合理要求时，要像刘晓丽一样讲究方法和技巧。如果像郭悦一样拒绝，过于直接和生硬，就会伤害上司的自尊，引起对方的反感。

拒绝上司的不合理要求时，有几个细节需要引起大家的注意。

●说 "不" 的态度不要太蛮横

无论上司的要求是否合理，我们都要记得：上司毕竟是上级领导，必须要给他应有的尊重。所以，拒绝上司要求时，如果态度过于蛮横，不仅无法达到自己的目的，反而还会给自己带来不必要的麻烦。

举个例子，假如上司要求你这段时间加班到深夜，而你因为家人生病需要照顾，所以不得不在晚上8点之前到家，此时你就不能态度蛮横地对上司说："不！我不加班！"而是应该心平气和地与上司沟通，说明自己的情况，并表明自己愿意在家里完成工作，上班时间提高工作效率，保证不耽误整体工作进度。

相信绝大多数的上司都会理解，不会再强制要求你加班了。

●采取迂回战术

面对上司的不合理要求，可以试着采取迂回战术，不需要当场立刻拒绝。

比如，公司要派人到条件艰苦的海外分部出差1个月，大领导心中的人选是部门中的另一个工作态度不佳的同事，但直属上司偏袒他，提出让你去，这时你可以对上司说："您可以让我考虑几天吗？这件事我必须要和家人商量一下，才能给您答复。"争取到缓冲时间以后，你可以向同事或其他领导求助，或者找家人商量对策。

当约定时间到了，你可以说出自己不能出差的理由，并告知上司其他人的想法，这时候他就会有所顾虑，不会再强迫你接受了。

●巧用 "好的，但是……"

有时候，上司交代下来的工作远远超乎你的能力范围，只靠你自己一个人的力量无法完成，这时候你可以这样回应上司："好的，感谢您对我委以重任。但是，这个项目如果让我一个人完成，需要的时间可能会比您预计的要长一些。"这种回答方式，多数上司会比较容易接受。

因为你积极接受了工作，这种态度会让上司感到满意和欣赏。然后，你再说出自己的实际困难，提出需要协助的请求，上司就会重新考虑给你安排的工作是否超出你的能力范围。巧用"好的，但是……"句式，能让上司感受到你的诚恳态度，以及你确实对工作进行了思考，因而会比较容易接受你的意见，为你重新安排工作。

身在职场，难免会接收到上司的一些不合理要求，如果这些不合理要求已经远远超出你的能力范围，你就要大胆地说"不"。你不是全能王，有事情办不到是正常的，拒绝并不丢脸。相反，默默地接受上司的不合理要求，不仅完不成任务，还会让自己陷入痛苦之中。

总而言之，上司的合理意见要接受和听取，不合理要求要有勇气、有技巧地拒绝。

拒绝迎合老板：你是什么货色，我就是什么脸色

凡事看老板眼色，迎合老板的爱好，已经成了有些职场人士的共识。但是，也有的老板很不好相处，只会给我们带来无尽的烦恼，浪费时间，甚至影响我们的正常生活。所以，对于老板的要求，要灵活应对，而不是一味地满足与迎合。

职场上曾经流传着这样几句充满自嘲意味的话："领导的要求就是我们的追求，领导的想法就是我们的做法，领导的鼓励就是我们的动力，领导的嗜好就是我们的爱好。"

话虽如此，如果下班后老板对你提出工作以外的要求，比如陪他钓鱼或打球，你是拒绝还是接受呢？

我的一位朋友周林就遇到这种情况，他自嘲地称自己为"忍者神龟"。他为什么会这么说呢？一切要从他的老板说起。

虽然周林毕业于名牌大学的热门专业，但是当他真正踏上求职之路后才明白，要找到一份称心如意的好工作是多么的不容易。经过重重面试，他进了一家业内有名的私企。周林从小做事勤奋，在工作中也充分发挥这个优点，所以，老板很快注意到了他。

这位老板年龄较大，平时对互联网和计算机方面很感兴趣，但又不是特别擅长。恰好周林刚入职不久，工作任务不重，所以老板常常让他帮自己处理各种计算机方面的问题。

起初，周林觉得为老板做事理所应当，这是老板对自己的器重。但是，时间一长，周林发现自己已经成为老板身边的电脑操作员，总是围着老板的电脑打转，专业工作技能都没时间得到磨炼和提高。而且，老板还时不时因为一些私人事务让周林周末到公司加班。

　　面对这种情况，周林选择了迎合和忍耐，因为这份工作来之不易。但是，到了后来，情况愈演愈烈。周林不止一次在周末与女友约会时接到老板的电话，让他到公司帮忙跑腿。这些跑腿的琐事并不在他的工作范围内，可老板总喜欢支使他。而且，周末是他的私人时间，却要被老板随意地占用。

　　好几次周林都有辞职不干的冲动，可是残酷的现实让他一再选择忍耐。他总对朋友开玩笑说，自己已经成了"忍者神龟"。

　　但是，周林的忍耐却被人当成软弱可欺。老板不停地使唤他，其他员工也上行下效，常常为了偷懒，把一些琐事都推给周林去做。比如，应该做的会议记录让周林来做，自己却在一旁喝茶、玩手机。

　　最终，周林决定不再忍耐，选择辞职，并发誓不再一味地迎合老板了。如果你是周林，你会怎么做呢？我认为，首先应该明确自己的态度和立场，不要勉强自己迎合老板的任何要求。

　　老板要求你无条件加班替他做一些与工作无关的私事时，比如让你帮忙接孩子放学或者到他家里修电脑，你如果不想去可以直接拒绝："对不起老板，我该做的工作已经完成，而且今天是周末，我已经跟家人和朋友约好了。"你还可以说："很抱歉老板，我很愿意帮你，可是我实在没有时间。"

　　不管你的理由是什么，你只需要告诉老板一件事，那就是：员工虽然在工作上是他的下属，但在人格上与他是平等的，不是他可以呼来喝去、随叫随到的佣人。

　　如果一味地迎合老板，不管老板提出什么要求，或者有什么个人爱好，你都付出最大的努力让他满意，甚至不惜为难自己。这样做的结果，只会让老板误以为你十分愿意为他做这些事，他以后还会继续使唤你，更加不会考虑你的时间安排和感受。

　　在职场上，我们一定要摆正自己的位置，把本职工作放在第一位，其他的事情要搞清楚什么该做，什么不该做。拒绝盲目地迎合老板，勇敢而坚决地表明自己的立场，不仅可以保护自己，还能赢得其他人的尊重。

老板的决定也不一定正确，如果你为了讨好老板"指鹿为马"，就算一时得到老板的欢心，也会让其他同事看不起。

我的一个杭州朋友小唐就遇到这样一个"不靠谱"的老板。小唐在一家建筑公司上班，他的老板原先是一家房产销售公司的经理，十分笃信风水之说，到这家建筑公司当总经理以后，还保留着从前的爱好和习惯，喜欢在建筑设计中讲究风水。

有一次，小唐把自己精心完成的户型设计方案交给总经理过目，本来小唐对自己的设计方案信心满满，可是总经理开口的第一句话，就让小唐彻底傻眼了。

总经理说："西为金，北为水。金曰从革，有肃杀之气、有杀戮之意，厨房要用刀，放在这里不妥。水属阴，有阴冷之意。其实放在中间不错，中属土，土圆佳色，为万物之母。偏东也不错，东属木，木有柔和调达之意。"总经理对着小陈侃侃而谈后，又说了一句："厨房放在西北角不好，你改一下，再拿来给我看。"

总经理发表了自己的一番见解，以风水不好为理由，让小陈改掉方案中厨房的位置，可是却丝毫没有考虑到建筑设计中的采光、通风、下水管道布局等问题，这让小唐感觉十分荒谬。

而且，小唐发现公司的其他同事在讲解设计方案时都会提到风水，公司的书架上也摆满与风水相关的书籍。为了迎合老板的风水爱好，公司的摆设也很有讲究。

小唐的设计方案被老板驳回好几次以后，一位好心的同事提醒小陈，下班后可以多研究一下风水知识，这样设计出来的方案才能合老板的意。这位同事说："和老板相处，培养共同兴趣爱好很重要。"斟酌再三，小唐决定辞职了。

时代的发展是飞速的，很多观念都在飞速地更新，老板也不一定完全正确，就能准确地把握发展方向。有的老板十分顽固，你不一定能够说服他，如果实在忍不了，另寻出路也未尝不是一个好办法。

不过任何时候，我们都要不忘提升自己的专业技能。这个时代能决定我们前途的已经不是老板，而是个人能力。如果没有能力，不能适应职场的激烈竞争，无论怎样讨好和迎合老板都是没用的。只有自己有了过硬的能力，才有说服老板和拒绝老板无理要求的底气！

拒绝压力山大：工作时全力以赴，闲暇时纵情忘我

　　加班是每个职场人士心中的魔咒，我们对这个词既熟悉又害怕。很多人从踏入职场的那一天起，加班就成为家常便饭。晚上9点以后，很多写字楼依然灯火通明，很多人还趴在办公桌上埋头苦干。

　　对于一些工作压力大的单位来说，按时下班已经成为一种奢侈。本来想下班后好好陪陪家人，或者和朋友聚一聚，又或者培养自己的兴趣爱好，所有美好的期望，都因加班而泡汤了。

　　周五下午，当你已经开始计划周末的活动，憧憬着和朋友或者家人一起享受一个美妙的周末时，突然收到"周六全体加班一天"的通知时，你的内心会有什么样的感受？恐怕除了无奈，还有愤怒吧！

　　遇上紧急的工作，偶尔加班可以接受，但是如果天天都要加班，而且老板也没有按照相关规定给予员工相应的加班补助，就有些让人难以忍受了。面对这样的情况，身为职场中的一员，你又该怎么办呢？对老板拍桌子或者咆哮吗？

　　这显然有点儿不现实。即使你已经决定不再奉陪，选择离开公司，也应该做到有理有据，并保持自己的风度。

　　最近，过度加班导致员工猝死或者晕倒的新闻，屡见不鲜。长期处于加班状态的小范听到这样的消息后，对自己的身体状况感到很担忧。又是熬夜加班的一天，凌晨一点，小范拖着疲惫的身躯走出办公会，回到家后，他感到一阵天旋地转。

　　小范已经记不清这是第几天连续加班了。不知道从什么时候起，公司开始了无休止的加班。而且，一加起班来就没日没夜，每天都要接近午夜时分才能下班。这样的加班强度，不要说一些年纪稍大的老

员工了，就是小范这样二十几岁的年轻小伙子，都感觉身体吃不消。

以前小范每天下班都会给自己炒几个小菜，再买上一瓶啤酒，美滋滋地一边看电视，一边悠闲地吃着晚饭。现在，他一回家就想睡觉，连开电视的力气都没有了。

早上起床后，小范还没来得及刷牙洗脸，就接到老板的短信："昨天你交的方案我看了，还略有不足，希望今天能改得更完美一些！"看着短信，小范叹了一口气，心想今晚又是一个不眠之夜。

他来到公司后，给自己倒了一杯咖啡，就坐到电脑前，开始了即将加班到深夜的工作。两年多以前，小范来到这家公司，实习期间他也经常加班，但是因为能力比较强，很快就转正了。

转正后的第一年，小范的上班时间是真正的朝九晚五，每天都有时间做自己的事，生活也很有规律。可是，从第二年开始，小范就陷入无休止加班的泥潭，虽然工资有了增长，但是却觉得自己的身体快要撑不住了。

我相信，对于小范的经历，很多身在职场的年轻人都能感同身受。短时间内，为了赶一个重要的项目而加班，是可以理解的，如果这个时候拒绝加班，就显得不配合公司工作，没有职业精神。但是，如果你每天都处于加班状态，就必须要采取合理的措施了。

很多老板会以为所有人都跟他一样热爱工作，都应该跟他一样为这份事业而奋斗。这是因为这些老板没有意识到，员工与他是雇佣关系，而不是从属关系，而且对相关的法律法规没有正确的认识。

所以，面对过度加班时，我们要让老板意识到这一点，态度坚决地对过度加班说"不"！国外的一家研究机构发现，过度加班会带来很多健康隐患，特别是容易引发心脏问题。每天工作时间超过平均值的上班族，患心脏病的可能性更高。

除此之外，长期加班也不利于人的精神健康。近几年，上班族中患抑郁症、躁郁症等心理疾病的人越来越多。这是某些企业疯狂加班造成的恶果。

更重要的是，没完没了的加班会极大地侵占我们的私人时间，压缩个人和家庭生活的空间，这是对时间和生命的一种浪费。我们一定要明白，职场人士不是螺丝钉，人生中除了工作，还有一些其他重要的事。

只有拒绝过度加班，我们才能以健康的身心继续投入工作和生活。那么，我们要怎样合理地拒绝过度加班呢？

●提前准备应对的措辞

面对不合理加班，最好能提前准备好应对的措辞。

比如，如果你预计到当天又要加班时，可以在下班前一小时找到领导，对他说："领导您好，今天我家里有点儿事，需要准点下班。现在，有什么需要我紧急处理的事吗？我下班前抓紧赶一赶。"像这样提前打好招呼，领导能感觉到你对他的尊重，也会因为你已经先发制人，而不得不同意你准点下班的要求。

提前给领导打招呼时，一定要注意摆明自己的理由和观点。如果你直接说："我今天不想加班！"领导也会直接说："不行！"这样你不仅达不到目的，还会给领导留下"无心工作、着急下班"的坏印象。

●借助法律法规，严词拒绝

利用相关法律法规，拒绝过度的、不合理的加班，可以让老板无话可说。如果老板提出无理的加班要求，你可以用国家颁布的劳动法作为武器，为自己争取权益。

你可以这样对老板说："要我加班不是不可以，但是必须按国家规定给我相应的加班费。"你要明白，你和公司签的是劳动合同，而不是卖身契。必要的时候，你可以拿起法律的武器维护自己的利益。

当一家公司加班成风时，就说明这家公司的管理出现巨大问题：一方面，是工作安排不合理；另一方面，是效率低下。本来员工可以准点下班，但是公司有加班的习惯，员工就会想：我何必急着完成工作呢？反正要加班，拖到最后好了。

可见，习惯性地加班不仅不会加快工作进度，反而会催生懒惰。如果遇到这样的公司，离职或许是最好的选择。

当然，对于加班的问题，我们要理性看待。不是所有的加班都要严词拒绝，如果公司为了完成一项重要的工作任务或者重要项目，要求员工加班，你就不应该拒绝。这样的加班是阶段性的，你也许也会有一定的收获，业务水平上有一定的成长。

拒绝无谓事假：别让他人的"急事"打乱你的计划

　　身在职场，相信每个上司都不愿意自己的下属随便请假。耽误自己的工作不说，还会给身边的同事造成困扰与压力，尤其是那些突如其来的事假，最容易打乱一些事先安排好的工作计划。

　　可是，每个人都会遇到一些紧急的事情，不请假显然不可能，因为我们不可能做一个不懂任何感情的冷血之人，自动屏蔽一切与工作无关的人和事，这样只会显得我们不近人情。但公司也不是菜市场，不可能让每位员工游离于制度之外，不受任何束缚地想上班便上班，想请假便请假。

　　所以，我们在请假时要拿捏好分寸，根据事情的轻重缓急合理安排时间。必要时可以请假，但那些芝麻绿豆大的小事，能免则免吧！否则，一个总是喜欢请假的职场人士，不仅容易打乱上司对工作计划的安排，还会给自己的职场之路带来不利影响。

　　我表弟公司的同事刘杰就遭遇了这样的情形。刘杰年后跳槽到表弟的公司，新人入职时，员工手册上清清楚楚地写着，每位员工在职期间每年请假不得超过30天，不然年底就会扣除年终奖金。

　　对于这点要求，刘杰表现得相当淡定，甚至信誓旦旦地对他的上司说："您放心，一般情况下我不会随便请假的，就算请也绝对不会超过公司的规定，我可不想因为一些琐碎的小事而影响自己的工作。"

　　前三个月的试用期里，刘杰真的就如他对上司保证的那样，不随便请假，上班迟到早退都不曾有过。就连同他一块儿进公司的新人小陈请了一天事假，刘杰还特意跑去叮嘱小陈：还没过试用期，没事不要随便请假。

刘杰的态度，让上司对他充满好感。为了缓解刘杰的紧张情绪，上司安慰他说："你不用太过担心，没过试用期可以请假的，公司还是通情达理的，毕竟谁都会遇到突发状况，只要不是随随便便请假就好。"

三个月的试用期眨眼就过去了，刘杰和小陈都转正成了公司的正式员工。转正后，大家紧绷的神情开始慢慢松懈，刘杰也开始自我放松起来。整整三个月试用期没请过一天假的刘杰，开始频频请假。

他请假的理由也是五花八门，不是今天堂哥结婚，就是明天表姐生孩子要吃满月酒，再就是好哥们儿买房要庆贺乔迁之喜……反倒是之前在试用期请过一天假的小陈，后来一直都是认认真真地工作，再也没请过假。

刘杰自以为过了试用期就万事大吉了，可他不知道就算过了试用期，后面的三个月也非常重要。对于新入职的员工来说，如果能在转正后的三个月崭露头角，让自己的业绩得到显著提升，不仅会给行政部门的考核加薪提供一个强有力的依据，还有机会赢得去深圳总部参加培训的机会。

虽然在刘杰的职业规划中，升职加薪必不可少，也是自己想要实现的终极目标。但作为职场新人，光有规划肯定不行，得做出点儿成绩让公司看到实质的行动，否则一切都是白日做梦。

刘杰显然没有明白这一点。这不，今天他又要请假。此时正值年终盘点，刘杰所在的部门要配合分公司做好库存清点工作，正是忙得不可开交的时候。上司不太想批假，想让刘杰忙完这段时间再请。

可刘杰不依不饶非要现在就请，且不以为然地说："谁没事会请假，我是真的有很重要的事。放心，我绝不会超过公司30天假期的期限。"主管无奈只好批了假，本来就忙得焦头烂额的同事，这下因为少了一个人，工作强度又加大了不少。

其实，刘杰压根就没有什么急事，他只是想迫不及待地去参加同学聚会而已。同学之间难得一聚，他可不想错过。等刘杰玩够了再来上班时，迎接他的却是堆积如山的工作，之前的还没有完成，新的工作任务又如雪花般飞来。

表面看起来，刘杰请假只是耽误了自己的工作进度，可公司是一个集体，彼此间紧密相连，个人进度被耽误，整个部门的工作计划自然也会被打乱。不仅连累同事，自己还要加班加点把工作任务赶上来。

这就好比大家一起玩拔河比赛，集体中若有一两个人漫不经心、偷奸耍滑，那团队想要取胜，轻松赢得别人，其余的人就得使出更大的劲儿才行。对此，上司虽然没说什么，可私底下同事们却议论纷纷："刘杰什么时候请假不好，偏偏最忙的时候要请假，害得我们工作任务加多了好几倍。"

抱怨归抱怨，可该做的事还是得做，本来这事到此也就告一段落了。可刘杰自己口无遮拦，某天在与同事们侃大山时却无意间说出上次请假的事由，为的只是参加同学聚会。这下，同事们不乐意了，尤其是那些被连累的同事，一个个恨得咬牙切齿，恨不得把刘杰给生吞活剥。就连一向宽容大度的上司知道这件事后，也直言不讳地对刘杰说："你太让我失望了。"

自知理亏的刘杰，也不好再为自己的行为做任何辩解。之后没多久，行政部门进行考核，刘杰的表现由于差强人意，去深圳总部培训的机会便落到一直兢兢业业工作的小陈身上，就连转正后的工资，刘杰也比小陈要少很多，刘杰的如意算盘就此落空。此时的他悔恨交加，可是又如何呢？木已成舟，已经是无法改变的事实。

工作中，总有那么一些人拿公司制度当儿戏，芝麻绿豆大点儿事也要请个假，甚至觉得请个假没什么大不了的。诚然，请假是正常的，但这种正常也体现在一些特殊的有必要的前提下，并不是我们随意拿来放纵的借口。

无规矩不成方圆。每个公司都会制定一些规章制度，用来约束和规范员工的行为。当然，事假并不是说不能请，但一些无关紧要的、没有意义的私人事情，还是能免则免吧，不然耽误自己的工作进度不说，还会给同事带来不良影响。

就算非请不可的事假，最好是尽快处理好，赶紧回归到工作岗位上来。一个真正热爱工作的人，绝不会三天打鱼两天晒网，把自己的工作当成儿戏。更不会在大家都忙得焦头烂额时找借口随意请假，哪怕真的有急事请假，也会在事情完成后迅速调整好心态，回归到工作中去。

一个人只有端正自己的工作态度，避免一些无谓的事假，才不会给身边的人添乱。不要整天把"谁没事会请假，要请假肯定是有事"这样的话挂在嘴边，也不要把请假看作"小儿科"。

拒绝无谓事假，别让他人的"急事"打乱你的计划。一个人如果还没准备好进入工作状态，三天两头想着要请假，那不妨先把那些琐碎的事情处理完了再进入职场。否则，就算进入职场，心不在焉、消极懒散的工作态度也会影响工作效率，给上司留下一个不好的印象。

这样的话，我们的升职加薪又从何谈起呢？

Chapter 3 / 享受孤独：
孤单是一个人的狂欢

　　人类是群居动物，所以我们不停地融入新的圈子，过度社交之后发现，为什么我没有自己的时间了？我的时间都去哪儿了？所以，适当脱离大集体，拥有自己独处的时间，好好和自己相处。

　　孤独是最大的自由。在这个不被任何人打扰的时间和空间里，和那个久别重逢的自己聊聊天，与生活握手言和。

与其身边损友如林，不如寂寞潇洒独行

常听长辈们说，多个朋友多条路，出门在外，一定要多交朋友。可是，有的"朋友"就是在不停地挑战你的忍耐极限，浪费你的时间。这种朋友，真的没有深交的必要，还不如独自放松一下。

我前公司同事晓琳，是个非常温柔可人的女孩儿，同时也很黏人。如果你和她的关系比较好，她可能会天天黏着你。比如，她和你一起吃完午餐，还要拉着你顺便逛一下超市，也不管你是不是想午休；和你一起逛完街，还要拉着你一起看个电影，也不管你家里是不是还有事；你跟她说你要回家了，她还要跟着你一起回家看看。可能她真的把我当朋友，很信任我吧。到了家，我说做几个菜两个人一起吃吧，可是她又非要出去吃，我又不太好拒绝。于是，我们又出门了。吃完饭，终于可以各回各家，等到了家我看看手表，已经九点多了，周一开会需要的材料还没整理好，只能加班了。

我不禁思考，为了这个朋友，花了将近一天的时间，而根本感觉不到朋友相处的开心，反而觉得心很累。

我还有个朋友大伟，每天都会给我发微信，刚开始出于礼貌，我会回复。可是这个头一开，就犹如滔滔江水连绵不绝，根本停不下来。并且，有的话题，只是他觉得很有趣，而我却觉得很无聊。比如，他在说他的同事，我也不认识；他说他的工作，我也不了解；他说他要去哪里旅行，这地方我并不喜欢，他说的很多话，我都只能以表情回复，大家一定明白这种痛苦吧。可是，大家都是朋友，拉黑他也不太好，我不搭理他，时间长了，大伟就应该明白我的意思了吧，可是他好像并没有停下来的意思。

　　什么是好朋友？像晓琳那样和你如连体婴儿一般，还是像大伟那样把你当"垃圾桶"倾诉？其实，最好的朋友是那种话不多说就能明白你的人。我渴望的朋友，是可以和我分享生活中的酸甜苦辣，可以一起笑一起哭的伙伴。如果你累了，我可以借你肩膀；如果你忙，我可以等你忙完再聊。

　　真正的朋友是那种虽然长时间不联系也没有距离感的人，是那些即使相顾无言也不会感到尴尬的人。前面提到的晓琳和大伟，我和他们其实没有共同语言，在和他们相处时就会觉得累和无趣。不仅如此，我还要花时间和他们聊天、逛街、娱乐，可是和他们交流，我唯一的收获就是一堆负能量。

　　不要随意"压榨"你的朋友，每个人都应该被尊重。比如我很累，身为朋友的你，能不能让我休息好再陪你；比如，我不懂你的专业，可不可以少讲一点儿。作为朋友，不是让你天天来"麻烦"的。

　　多交朋友确实有好处，但是那些让你感觉到疲惫、浪费时间的朋友，还是尽量保持距离吧。你只是一个人，没有太多的时间留给别人去打扰。与其身边损友如林，不如寂寞潇洒独行。有些人，真的不值得你为他浪费时间。

●沟通之前想清楚，不要浪费大家的时间

　　有一次，我参加一个小型的业内交流会，一位先生找到我，说需要我帮个忙。但是，好几分钟过去了，我还没明白他到底要我帮什么忙。我其实已经有点儿不耐烦了：就快点儿说好吗，我朋友的车还在外面等我。但是出于礼貌，我还是微笑面对。

　　没想到，他讲了一大堆废话还没有切入主题，我实在忍不住了，就对他说："不好意思，打断您一下，您就直说吧，需要我做什么？"

　　这位先生说："听朋友说您的文笔很好，我们公司要推出新产

品，想请您帮忙写一篇推文。"

最近看了《高情商的成功之路》一书，书中讲到，在进行沟通之前，应该明确自己要表达的意思，让对方迅速明白。

对话围绕一个重点最好，如果不行，最好控制在3个以内，否则很容易变成自说自话，对方根本不明白你在说什么。

现在的人们，很容易被其他的事情吸走注意力，会有各种各样、无关痛痒的事情打扰我们的生活。对于这些浪费时间的事情，我们要学会说"不"。

●如果非要浪费时间，也要浪费得有价值一些

我们总是会听到朋友说：

"出来玩儿啊，老待在家干什么？"

"好久不见了，哪天聚一下？"

"周末咱出去唱歌吧。"

跟朋友出去放松，是不错的休闲方式，但有些没营养的聚会，能省则省，尤其是你们三观不合的时候。梳洗打扮、换衣服、路程……这些时间加起来起码要三个小时，与其花这个时间去见一群三观不合的人，不如自己出去走走，好好享受静谧的闲暇时光。

比如，你是一个非常上进的人，但是你的朋友却安于现状，不管你说什么，他都会说："干吗呀，难道现在还不满足吗？我觉得很好，差不多行了，别太贪心。"跟格局不一致的人聊天，只会越聊越狭隘。

你无法改变他，他没办法说服你，本来心情很好，也会变得乌云密布。也许，原本壮志凌云的你，听了他的"丧气话"也开始动摇了。这样的社交，没有也行。

时间就是生命，浪费时间就是浪费生命，被浪费掉的时间，无论如何都找不回来。

　　但是，如果换一种社交方式呢？

　　如果这三个小时非"浪费"不可，你可以选择和长辈沟通，向前辈讨教，和这些人交流，哪怕"浪费"一整天时间我都愿意，因为我有收获。

　　如果非要"浪费"时间，那也要"浪费"得有价值一些。

●输了时间，赢了纷争，又如何？

　　还有一种人，唯恐天下不乱，只要有他的地方，就有纷争。而这些人身边的人，却要被无辜地卷进风波里。有没有解决方法呢？有。

　　要么你找到每个当事人，把误会解释清楚；

　　要么找到纠纷的始作俑者，当面说清楚；

　　要么两耳不闻窗外事，任凭自由发展；

　　要么不理这类人，免得影响自己的心情；

　　要么联合其他人，把"害群之马"赶出去。

　　也许还有更好的办法，也许没有。但是除了第四个方法，其他的方法都很浪费时间。

　　或许现在的你根本不曾意识到，但三五年之后，你再回过头来想想自己走过的路，反思下自己，当年那些尔虞我诈、明争暗斗浪费掉你大把时间的事情，真的如此重要吗？

　　即便你赢了纷争，又如何？输了时间，是再多的金钱也买不回来的。

　　低质量的社交，不如高质量的独处。与其整天把自己的宝贵时间浪费在这些钩心斗角、微不足道的琐事中，还不如利用这些时间做一些学习上的提升，努力充实自己，完善自己，成就更好的自己。

一个人的孤单，也未尝不可

"孤单是一个人的狂欢，狂欢是一群人的孤单"，听到阿桑演唱的歌曲《叶子》，你的内心是否感慨，什么时候孤单成了自己的日常？为什么前行路上，可以陪伴的朋友越来越少？为什么大家不能像小时候那样，成群结队地一起玩耍了？

小时候的我们，每个人身边都有很多贴心的小伙伴，大家一起盼着快快长大，因为长大就代表着自由，代表着随心所欲。可是，当自己一天天长大，变得独立自主、成熟老练时，却恍然发现，原来长大也代表着孤单。

孤单是什么？它就是一个人吃饭、睡觉、旅行，一个人做独行侠，在这个复杂的社会中，独来独往。其实，很多人害怕孤独，除了担心遇到危险没人帮助外，更不想在孤独寂寞、满腹委屈时，一个人躲在被窝里哭泣，不想一个人度过时光。

越长大越孤单，伴随年龄的增长、知识的积累与阅历的增加，我们逐渐体会了小时候语文课本上所讲的"人有悲欢离合，月有阴晴圆缺"的具体含义。曾几何时，孤单成了一个人最常见的生活状态，喧闹却成了遥不可及的一种奢望？为什么小时候的嘻嘻哈哈、疯赶打闹，如今却形单影只，成了一个人的单打独斗？

难道大家都不爱热闹吗？不，并不是大家不爱热闹，而是为了生活，人们不得不四处奔波。我们不再是小孩子了，每个人都有自己的事情，有自己的工作要忙，有自己的义务与责任要承担。

一个人的时候，独自待在房间里，孤独寂寞，不知道该做些什么，微信上没人发语音，QQ上没人留言，电话也寂静无声。没有恋人的陪伴，没有父母的关心，没有朋友的邀约，我们备感失望，觉得自己做人很失败，甚至觉得被这个世界遗忘了。

挣扎了半天，好不容易鼓起勇气出了门，站在繁华的十字路口，却发现外面其实挺热闹。路边的大排档，好多人聊天喝酒，说说笑笑；旁边的精品店里，一对情侣正嬉笑打闹着；大马路上，一对夫妻正牵着孩子悠闲地散步。为什么他们都有人陪，都能身处热闹的环境中，自己却要忍受一个人的孤独？这未免太不公平了。

其实，这样想就大错特错了，一个人又如何？不照样可以过得有滋有味，过得精彩纷呈？要知道，孤独是最好的成长期，意味着我们拥有独处的时光，可以随心所欲不受任何束缚地做自己想做的有意义的事。不要被孤独的假象给打败了，不要因为孤独而白白浪费这宝贵的时间。

提起诗仙李白，相信大家不会感到陌生，他曾说："古来圣贤皆寂寞，唯有饮者留其名。"正因为他享受孤独，在孤独中创作、成长，才为后人留下脍炙人口的经典文学作品。

大家熟知的著名导演兼制片人李安，在成名之前，也是独自在家过了6年"家庭煮夫"的生活。与外界隔离的孤独，并没有让他自暴自弃、不思进取，反而拥有更多的时间静下心来，认真学习，积累经验，将自己最好的一面呈现给大家。

后来，他成了著名导演，并创作出《卧虎藏龙》等经典电影。想当初，如果他不能忍受一个人的孤独，轻易放弃自己的理想与追求，他还能成为令人瞩目的著名导演吗？肯定是不能的。

为了潜心研究画画的技巧，张大千离开繁华的城市一个人游历世界。即便生活过得再穷困潦倒、孤单寂寞，他也一如既往坚持了下来，刻苦钻研，最终成为一代名家，获得"东方之笔"的美誉。

从表面上看，一个人的孤独寂寞最难令人忍受，但实际上却是一个人最好的成长历练。在孤独中，我们可以静下心来，回首那些发生在自己身上的过往，审视曾经的对与错，抛却昔日的种种烦恼与仇恨，用一种全新的姿态，笑对生活，重新踏上人生旅途。

作家林徽因曾说："红尘陌上，独自行走，绿萝拂过衣襟，青云打湿诺言。山和水可以两两相忘，日与月可以毫无瓜葛。那时候，只一个人的浮世清欢，一个人的细水长流。"

当我们远离热闹、享受孤独的生活时，世界在我们的眼里就会变得简单。我们不用整天想着尔虞我诈地算计谁，也不必理会他人的目光与看法。在慵懒的午后、皎洁的月光下，泡一壶茶，看一本好书，听一段优美的音乐，就会感到特别满足。

一位优秀的钢琴家，嘈杂的环境会让他心神恍惚。他只有在一个人的时候，才能专心致志地研究琴谱，找到适合自己的方法，弹出最优美的旋律。对真正的钢琴家来说，孤独意味着安静，安静才能不受任何打扰，心无旁骛地沉浸在对乐曲的演奏中。

一位饱经风霜、历经失败的人，热闹的环境只会让他心浮气躁，陷入悲痛，无法自拔。只有在一个人面临孤独时，他才会沉淀下来，认认真真厘清自己烦躁的思绪，对未来有重新的认识与规划。不管是一个人独自在路边的咖啡店里坐上一下午，抑或是在安静的图书馆中待一整天，我们都可以在独处的时光中享受那份恬静与美好。

一个负能量爆棚、满身压力的人，同样也可以在孤独中卸下疲惫，释放情绪，放松心情，找回自己曾经的自信与从容。

一个人的孤单也未尝不可，可正是孤单让我们有了全神贯注凝心思考的时间；正是孤单，让我们在彷徨无助时看清未来的方向；也正是孤单，让我们成长为一个独立的个体，变得越发勇敢与坚强。没有孤单，我们将是依附他人的"寄生虫""连体婴"，永远学不会自我成长。

要么庸俗，要么孤独。只有耐得住孤单的寂寞，才能静下心做自己真正想做的事，如果想去旅行，那就去吧；如果想学瑜伽，就去报一个瑜伽班。想做什么就去做吧，不要害怕一个人的孤单。

即便一个人又如何，前行道路上照样可以遇到许多志同道合的小伙伴，他们会给我们的人生带来意外的惊喜，让我们的生活趣味无穷。

谁说孤单的人就是人缘不好，没人疼没人爱？孤单又如何，一个人照样可以放飞自我，追寻幸福。干吗要在意他人的看法，得到他人的认可呢？哪怕孤单，照样可以享受一个人的精彩，在孤单中成长为更好的自己。

当然，享受孤单并不是让我们离开正常的社交圈子封闭自己，做一个不问世俗的人，而是让我们学会闹中取静，习惯一个人生活，即便不依附任何人，也能过得潇洒自在。

所以，孤单没有什么不好，每个人都得学会自己与自己相处，只有享受孤单，才能独立自主、坚强勇敢，成为更好的自己，在人生的道路上越走越远。

最后，我想借用阿桑的歌曲《叶子》作为结尾，与大家一起感受孤单：

> 孤单，是一个人的狂欢，
> 狂欢，是一群人的孤单，
> 我一个人吃饭，旅行，
> 到处走走停停，
> 也一个人看书，写信，
> 自己对话谈心……

再闲，也不要在他人的世界里评头论足

每个人由于成长环境不同，为人处世的方式也截然不同。有的人即使前呼后拥，整天锦衣玉食，也不一定过得开心快乐；有的人哪怕是粗茶淡饭、金钗布裙，也能苦中作乐，享受人生的乐趣。

我们不必羡慕他人的光鲜亮丽，也不必鄙视他人的狼狈不堪，更不要对他人的生活方式评头论足。青菜萝卜，各有所爱，我们不能把自己的想法强加于他人，更不能代替他人去过别人的人生。

别人的生活，需要你瞎操心吗？你是太孤独寂寞了吗？如果是，请你先管好你自己。一双鞋合不合脚，只有穿的人知道，外人看着再怎么别扭，只要穿的人觉得合适就好。每个人都有自己的生活方式。在他人的生活中，我们只是一个旁观者，如果非要多管闲事评判他人，就会给他人的生活带来困扰与麻烦。

我的前邻居大梅，嫁了一个诚实可靠的老公，虽然家庭条件不太好，日子过得很清贫，但老公对她可是一心一意，关怀备至。大梅每天都会在菜市场摆摊卖菜，直到天黑了才会回家，她老公一般会利用中午的时间给她送饭。

某天，她老公送饭比往常迟了一会儿，从摩托车上一下来便连连说："对不起，今天有事耽误了，饿坏了吧！"大梅看到风尘仆仆的老公，笑意盈盈地说："没事，还不饿。"接过老公手中的饭盒，大梅便与老公两人有说有笑地坐在菜摊边上吃了起来。

恰在此时，来了一位40多岁的中年大姐，边挑菜边看了眼大梅手中的饭盒。当看到饭盒中都是素菜时，她立刻惊讶地叫嚷道："大妹子，你怎么过得这么苦呀？你这饭菜质量也太差了吧，一点儿肉末都没有，你怎么不对自己好点儿啊？"这位胖大姐一边说，一边手舞足蹈地做出一些夸张的表情，买完菜，便扭着肥胖的身躯离开了。

本来兴致勃勃的两人，却因为这个意外的插曲而泛起一丝涟漪。大梅端着饭，呆呆地望着胖大姐远去的背影，泪水在眼眶里打转，而她老公也一脸窘迫。好好的一顿午饭，就这样没了兴致。

为什么要嘲笑别人的生活？难道清贫的生活就活不下去吗？或许有的人不能理解这样的生活方式，甚至觉得这压根儿不是人过的日子，但依然有人苦中作乐，过得幸福快乐。

你有你的想法，我有我的选择；你有你的坚持，我有我的快乐。快不快乐，幸不幸福，只有自己经历了才能体会个中滋味，认真过好自己的生活就好，为什么一定要打扰别人的世界呢？别人吃什么、穿什么、做什么，为什么非得征求你的同意？如果是这样，那请问你的每项选择都征求了他人的同意吗？如果没有，就不要随意评价别人。

走在路边，我们经常碰到那些窘迫的人，有的人两眼通红伤心落泪，有的人歇斯底里大声谩骂，不管是伤心还是痛苦，每个人都有自己的情绪需要发泄，作为旁观者，不要随意打扰别人，也许人家喜欢一个人独处呢？这样的话，我们的打扰只会让对方觉得尴尬。

偶尔身边也会有朋友问我："你目前的生活已经很好了，过上了很多人羡慕的生活，为什么还要这么拼命、这么努力呢？何必把自己搞得这么累，还不如把这时间拿来旅行、享受生活。"

是啊，过得好又如何，也是自己辛苦挣来的，是我自己的事情，和你没有半毛钱关系，又没碍着你什么事！正如一千个人眼中有一千个哈姆雷特，生活阅历、环境思维的不同，每个人看待事物的标准也有所不同。

即便他人的生活方式我们不喜欢、不能接受，也请试着给予一份理解与宽容，不要冷嘲热讽打扰别人的生活，插足别人的人生。当我们想要干涉、打扰别人的生活时，为什么不换位思考下呢？

如果被人评头论足的对象是我们自己，我们愿意经历这样的场景吗？生容易，活容易，生活不容易，每个人都有自己的辛酸与无奈，不可能做到十全十美，让所有人都看得顺眼，得到所有人的喜欢与认可。哪怕我们不喜欢、不认可，这世上总有其他人喜欢。

有些父母在孩子的教育上，总喜欢对孩子说这样的话："你不好好学习，将来就只能沦落为擦皮鞋、扫大街的一分子，这样的人生是没有出息的。"

不可否认，好好学习确实能出人头地，但我们也不能因此就否定擦皮鞋、扫大街就没有出息。如果没有他们，我们每天出门时能看到这么整洁的街道吗？鞋子在路上脏了，能瞬间变得干净如新吗？

每个人都有自己的活法，别人怎么过那是人家的事，即便一个人的日子再孤独寂寞，也不要随意打扰他人的生活，不要在他人的世界里评头论足，更不要把别人的生活方式作为排解寂寞、消遣人生的工具。这不仅是对他人的一种尊重，更能体现自己的品德与修养。

哪怕是大自然中的一朵野花、一颗小草，纵然孤独，也有自己的生活方式，勇敢地向世人展现它独特的美。即使没有我们的呵护，它依然能茁壮成长，绽放出自己最美的姿态。

所以，请不要用自以为是的态度强行干涉他人的生活，打扰别人的幸福。或许我们眼中的贫穷与挫折，对他人来说，恰恰是一种宝贵的经验与经历，从中体会到别样的幸福与快乐。

再悠闲，也不要打扰别人的生活；再孤独，也不要随意插足别人的人生。有这个空闲时间聊八卦说是非，还不如笑看人生，用孤单独处的时间欣赏这千姿百态的世间生活，默默地欣赏就好，不要总盯着别人的缺点不放，试着发现他人的闪光点，你会发现每个人都有值得学习的优点与长处，生活原来也可以这样多姿多彩。

与自己相处，且行且独立

说到孤独，很多人会带有抵触心理，认为孤独就是离群索居，远离城市的热闹喧嚣。其实，并不是这样，孤独就是让我们学会一个人独处，面临生活的喜怒哀乐，即便一个人，也能将生活过得有滋有味。

不要因为害怕孤独，就拉着别人陪你一起疯玩打闹，占用他人的时间。我们要做的就是，在身边的朋友都忙的时候，不去打扰他们，安安静静一个人过自己的生活。

作家叔本华曾说："没有相当程度的孤独，就不可能有内心的平和。"的确，一个人只有正确看待孤独，享受孤独，才能平心静气地思考人生。

只有把孤独当作人生的另一个舞台，才能在孤独中成长为一个优秀的人，清醒地认识和规避那些无效、没有意义的社会交往。只有历经孤独，才能快速成长，并获得成功。

北宋著名文学家苏东坡，因"乌台诗案"被贬到黄州任团练副使时，发现了一个奇怪的现象：黄州的猪肉因为特殊的地理和水质，肉质极好，价格却非常便宜。

大户人家看不起这样的食物，贫穷人家却不知如何煮食。在生活异常艰苦的情况下，苏东坡利用仅有的食材，研制出著名的"东坡肉"，并与当地百姓分享这道美食。

之后，他又脱下文人雅士的长袍方巾，换上耕田农户的芒鞋短褐。一个人忙着修水坝、挖鱼塘、修凉亭，开辟荒地种菜园，耕地播种麦子。闲暇时，一个人读书写字，偶尔也约上三五好友把酒言欢，小酌几杯，自娱自乐。

苏东坡非常享受这独处的时光，并没有因为贬官而郁郁寡欢，影响自己的心情。一个人在黄州的几年间，他没有消沉，而是有效利用这难得的闲暇时光，创造出许多令后人传诵的、脍炙人口的诗篇，并自封"东坡居士"。

虽然因政见不同，两度被贬，但苏东坡在尝遍世态炎凉、孤独冷漠后，依然笑对人生。哪怕后来再度得到重用，仕途顺畅之时，他也经常回想起在黄州的那几年的孤独岁月，并由衷感慨："人间有味是清欢。"

诚然，物质上的丰盈可以让人过上安稳的生活，但却也很容易让人安于现状，缺乏担当。一个人想要成长，必须学会正确看待孤独，与孤独和平相处。只有孤独，才能更好地锻炼我们的独立自主、坚强勇敢、淡定从容；只有享受孤独，我们才能在这个复杂的社会中变得更出众，活出最璀璨的人生。

每个人都会感到孤独、面临孤独，当夜幕降临，华灯初上，看着街上人来人往，人声鼎沸，内心的孤独是否愈来愈浓？尤其是一个人下班回到家时，这种感觉就会特别强烈，需要开满整间屋子的灯光才会觉得温暖，拥有安全感。

一个人的日子，我们不知何去何从，甚至觉得生活越来越没有意思，自己的喜怒哀乐没处分享，没人分担，就连奶茶店买一赠一的奶茶，都不知道要送给谁。每天回到家，只能一个人自言自语，对着空气与墙壁说话。

久而久之，我们厌倦了这样的生活，开始寻找热闹的场所，发展自己的社交关系，以此获得安慰，逃避孤独。可是喧嚣过后，那些拉着我们满大街奔跑的乱七八遭的聚会，哪些没有质量、没有意义的社交活动，并没有让我们的内心感到充实。

到了夜晚，我们还得回到那充满冰冷气息的小房间，开始一个人的生活。时间久了，我们忽然发现，一个人的生活也没有什么不好，谁离开了谁，不照样过得很好吗？每个人的内心都曾面临孤独，只是每个人面对孤独时的方式不同。

司马迁不惧孤独，一个人游历天下，独立思考创造出了"史家之绝唱，无韵之离骚"的中国历史上第一部纪传体通史——《史记》。

叶问不惧孤独，力排众议，数年如一日，潜心修炼咏春拳，最终掌握了咏春拳的精髓与奥秘，并发扬光大，让咏春拳走出国门，成为享誉世界的名拳。

成功的先决条件之一，就是能忍受孤独，只有孤独，才能让我们更好地看清未来的方向。

孤独时，内心会越发清醒，看清身边的人和事；

孤独时，思路才会清晰明朗，从容淡定地应对生活；

孤独时，自我力量才会显现，不会感到迷茫与彷徨。

当我们爱上孤独、享受孤独，在孤独中成长为更加优秀的自己时，便会感谢曾经的孤独。正是那些年经历的孤独，让我们越来越成熟，越来越睿智。正如作家张小砚所说："后来许多人问我一个人夜晚踟蹰路上的心情，我想起的却不是孤单和路长，而是波澜壮阔的海洋和天空中闪耀的星光。"

有些人常把孤独与寂寞混为一谈，其实它们是两种不同的概念。寂寞只会让一个人无所事事、闲得发慌，而孤独却可以让我们的内心变得强大。害怕孤独的人，总会随波逐流做一些勉为其难的事，明明不喜欢K歌，因为同事都去了，所以我们也跟着去了，即便嘈杂的歌声让我们觉得震耳欲聋；明明不喜欢吃麻辣火锅，因为朋友喜欢，我们还是硬着头皮去了，哪怕第二天嗓子哑得说不出话来。

这一切都因为我们不想一个人面临孤独，但我想说，不要惧怕孤独，不妨试着和孤独相处！在孤独中，我们才能看清自己的内心，知道哪些是自己需要的，哪些是该舍弃的，从而坚定不移地朝着自己的目标勇敢前行。

　　孤独不是寂寞，更不是众叛亲离后的落魄，而是给自己的心灵一点独处的时间；孤独不是封闭自我，更不是孤傲自群，而是修炼自己的内心，提升应变能力，让我们勇于做真正的自己。

　　认识孤独，享受孤独，在与孤独的相处中，我们会逐渐发现，正是孤独一步一步地帮我们褪去心底的浮躁，卸下心灵的疲惫；正是孤独，让我们学会反思，正视自己的过错；正是孤独，让我们拥有丰富而有趣的灵魂和这世上最强大的力量。

　　不要惧怕孤独，愿我们每个人都能与孤独相拥，学会与自己相处，且行且独立！

享受最好的思考时光

人生就是一场不断学习、不断成长的旅程，哪怕在此过程中历经艰难险阻，到最后形单影只，孤身一人，也要学会勇敢面对。

虽然大部人喜欢热闹，喜欢独处的人被视为性格孤僻、不合群，但又有什么关系呢？走自己的路，让别人去说吧！社会上那些成功人士，不也是经常独处吗？难道他们的性格很孤僻，难以让人接近吗？

未必吧！从某些方面来说，独处反而能让人有更多的时间思考，对身边的事物做出清晰而准确的判断。人的一生难免会遇到形形色色的人，不管他们的年龄层次、身份地位、社会影响力如何，与他们共处，我们都可以创造出不同的成绩与财富。

而自我独处，同样也不容小觑，它可以历练自己、沉淀自己、提升自己，将自己最好的一面呈现在大众面前。自我独处，代表我们可以拥有一片静谧的空间，无拘无束地在自己的天地里释放烦恼、发泄情绪、反思自我、净化灵魂，让自己有更多的时间厘清杂乱的思绪，规划未来的人生。

这样看起来，还会觉得独处不好吗？生活有善恶也有美丑，有欢乐也有痛苦，正因如此，我们才需要独处帮助自己看清这世间万物的本来面目。

独处并没有什么不好，它是一种心境、一种放松，让我们既可以享受城市的喧嚣热闹，又可以享受一个人的恬静时光。可以说，没有独处，就没有思考；没有思考，就没有领悟；没有领悟，就没有行动；没有行动，何谈成功？

每个人都渴望成功，出人头地，但每天的工作那么忙，面对的压力那么大，很多人没有独立思考的时间平衡二者间的关系。纵然每个人都有思考的能力，但一个成熟的想法不是信手拈来，需要经过深思熟虑才能引起反响，起到作用。

正如爱默生所说："世人最艰巨的使命是什么？思考。"那思考又需要什么？当然是独处。只有在独处中，我们才能静静地思考，细致深入，抽丝剥茧，对事物的判断拥有独特的见解，对生活拥有与众不同的领悟。

2012年5月25日，普利兹克建筑奖颁奖典礼在中国人民大会堂隆重举行，中国美术学院院长王澍获得这一奖项。他也是普利兹克建筑奖设立以来首位获奖的中国建筑师。这一奖项不仅填补了国内建筑师在此奖项上的空白，更是成为国人的骄傲。这个奖项的分量，等同于"奥斯卡"和"诺贝尔"。

当记者采访王澍时间他成功的秘诀是什么，他说："我得谢谢那些年的孤独时光。小时候因为孤独，所以爱上了画画，对建筑有了一种懵懂概念。毕业后因为独处，能够静下心来思考，很多设计灵感源于那个时期。"

王澍年轻时，因为内心的执着以及对建筑的偏爱，他的处事方式有些特别，不做商业、拆迁、地标性建筑等项目。正是因为这些格格不入，他的所作所为得不到同行的理解，以至于很长一段时间，他都一个人过着孤独的生活。

时间一长，身边和他一起共事的建筑师都发了大财，过起富足的生活，而他却整天与工匠们一起干活儿、探讨。独处时，他一个人安安静静地泡一壶茶，捧一本好书，享受那难得的静谧时光。

这其中的落差，若换作一般人肯定难以接受，但王澍却丝毫不在意。他说："我要一个人默默前行，看看能够走多远。"就这样，日复一日，年复一年，不管外界如何看他，他始终坚持自己的理想勇敢前行，最终取得成功。

学会独处，在独处中思考，在思考中领悟，可以说是王澍成功的最大秘诀。正因为内心能忍受常人所不能忍受的孤独，抵挡住外界的诱惑，他才能专心致志，不断超越自己，创造出更多的奇迹。

很多高科技的发明与创造，之所以得到大众的认可与世人的瞩目，不也是历经了一段黑暗无助的日子才获得的吗？当时的悠长岁月，又该是怎样的一种孤独、寂寥？个中滋味，恐怕只有经历过的人才能深刻体会。

在一群人的世界里，每个人都善于隐藏，不想在众人面前暴露自己的缺点与不足，因为隐藏，所以很难发现真正的自我。但在一个人的世界大可不必，我们完全可以放飞自我，袒露自己最真实的状态，无所顾忌，尽情释放。

一个不会独处的人，同样也不会享受人生。因为不敢独处，我们不会给自己留下独处的时间。但没有时间，我们拿什么感悟曾经的过往，体会未知的美好呢？

正确看待独处，忙里偷闲，给自己留一点儿独处的时间，从忙碌中卸下疲惫，洗尽铅华。在夜晚时与心灵对话，在晨曦时沉淀思绪，思考未来，是何等的舒适与惬意？

几年前，曾在网上看过一篇标题为《女孩子，要过几年一个人的生活》的文章。文章的大致内容是：女孩子在成家之前一定要学会过几年一个人的生活，不管时间长短，一定要努力尝试。不是为了锻炼做家务的能力，也不是为了学做贤妻良母，而是让自己在独处中思考，学会坦然面对身边的人和事。

其实我想说，不管是女孩还是男孩，不管是婚前还是婚后，每个人都应该试着独处。这样不管生活哪天给了我们无情的打击，我们依然坚强独立，自信从容，哪怕一个人，也能很好地生活下去。

不管是与朋友（或异性）吵架，还是与家人（或夫妻）闹别扭，我们都不会因为他人的离开与背叛而患得患失，成为他人眼里的怨妇、疯婆子，痛哭流涕，悲观厌世。

相反，独处会让我们在任何时候都处于一种清醒的状态，不会因为一时的挫折与打击就依赖任何人或事，清清楚楚地知道自己什么该做、什么不该做。

有些人时常觉得，喜欢独处的人，一定是心理上出了问题。其实不然，独处是为了更好地思考，做出准确的判断。如果有人认为是一种病，只能说明那些人内心惧怕孤独。当一个人害怕独处时，却不知某些人正是利用独处的时间思考，改变了自己的不良性格。

"80后"女作家蒋方舟，在某次节目中，曾坦言小时候因为家庭环境的影响，导致自己在生活中一直都是讨好型人格，长大后才逐渐发现这种性格对自己的人生发展有着很大的阻碍。

最终治愈这个毛病的机会，却是来源于她在日本东京独处的那一年时光。正是一年的独处生活，让她清楚地明白自己的追求，认识到内心的想法。所以，她下定决心做出改变，并坚决不再做一个讨好型性格的人。

越害怕独处，我们就越容易感到孤独，相反，若是坦然面对、轻松对待，我们就能从中享受到独处所带来的乐趣。独处让我们拥有更多思考的机会，在思考中拥有更多处理问题的解决方式，不再忐忑与惶恐，能充满理性地应对生活中的一切。

尝试独处，给心灵一点儿空间，给自己一点儿时间，享受最好的思考时光吧！或许独处会成就我们更好的人生。

爱上一个人之前，你应该好好爱自己

生活中，我们经常会做出一些习惯性的选择。朋友请客，到一家特有名气的餐厅吃饭，点菜时征询我们的意见，结果我们习惯性地来一句："随便，你们吃什么，我就吃什么。"

自己的身体虚弱，生病了，明明在家休息，却经不住朋友的劝说，不惜伤害身体也要舍命陪君子，喝得酩酊大醉；

看着外面那些高档名牌店里的商品，羡慕不已，却又在内心深处觉得自己不配拥有。

总是无原则、无底线地满足一个人的要求，对别人好，哪怕浪费自己的时间，受尽了委屈，也满不在乎。

如果上面几点我们都能对号入座，那只能说明一点：因为害怕一个人生活，我们对自己的人生太随便，为了迎合别人而不知道爱惜自己。

或许"爱自己"三个字，让我们听起来觉得有些可笑，因为我们压根没有想过这个问题，但从现在起，要从内心开始重视它，好好爱自己。

为什么这么说呢？爱自己是关乎一个人终身幸福的首要前提。我们只有爱自己，才有足够的能力爱别人，给身边的人带去温暖与祝福。

●一个不爱自己的人，也没有能力去爱别人

不管是爱情、亲情还是友情，在感情的世界里，爱都是相互的。如果我们认为爱一个人就是毫无保留地付出自己全部的爱，只为得到

对方那一星半点的回应，那就大错特错了。

比如，害怕一个人生活，害怕失去对方而一再容忍对方的背叛；为了哄对方高兴陪伴对方，而敷衍了事地对待工作；省吃俭用，将自己辛苦挣来的钱拿来供对方挥霍；甚至放弃自己的自尊与原则，一味地迎合对方。

看上去，我们付出全部的爱是为了更好地爱对方，我们的委曲求全是为了能留住对方，但实际上，我们的所作所为只会加速这段感情的破灭。为什么？一个不爱自己的人，也没有能力爱别人，无法给予别人更健全、更纯粹的爱。

只有先爱自己，对自己大方、友好、不苛刻，才能在美好的生活中感受到幸福与乐趣；也只有自己是幸福的、快乐的，才能将自己的好心情带给身边的人，更好地爱身边的人。

否则，一个人连自己都不爱，凭什么要求身边的人爱自己呢？即便因为爱某个人而不停地付出，但委曲求全的爱，也会让我们在长期的单方面付出中，带有一种怨气与敌意，日积月累，积压已久的怨气，就可能变成一颗定时炸弹，随时引起一场情感上的大爆炸。

● 一个不爱自己的人，别人也不会认真地对待你

很多人常常会有这样的疑惑：为什么我对×××那么好，一心一意地对他，可是他对我的好却视若无睹，不屑一顾？最根本的原因就是，对方把我们的好当成了理所当然。

因为我们无原则、无底线地爱别人却不爱自己，从行为上就已经让别人轻视了自己，别人自然没有必要把我们放在心上，去珍惜、重视。

人就是这样一种复杂的高级动物。当他人对我们过于热情，把我们捧在手心里时，我们反而会不习惯，内心对这个人的行为嗤之以鼻，甚至产生一种想要逃离的冲动。为什么会这样？

因为我们大脑的潜意识会这样认为：这个人没有自我，也不知道爱惜自己，他只是在寂寞空虚冷时，到处寻找一个可以依靠的港湾。我可不想与这样的人有深入的交往，把时间浪费在无效的交往上。

因此，当一个人自降身价去阿谀诌媚、曲意迎合他人时，就已经降低了对自我的要求，拿自己不当回事儿了。一个不尊重自己、不爱自己的人，又如何奢望别人来尊重你呢？

在他人眼里，我们或许只是一个为了逃避寂寞的跳梁小丑，为了有人陪伴，我们阿谀奉承，对身边的人毫无保留地付出。可结果不仅没得到他人同等的爱，更没有达到自己发展有效社交的目的。

不知大家是否看过作家三毛在《西风不相识》这篇文章中提过的关于自己在国外留学的经历。初出国门时，她牢牢谨记着家人的嘱托与叮咛，并相信"退一步海阔天空，忍一时风平浪静"。

所以在学校里，她处处以和为贵，担任宿舍寝室长期间，不仅对舍友们有求必应，还不辞劳苦地做这做那。哪怕有些要求很过分，让自己受尽委屈，三毛也是尽可能地满足。

可是，一味地退步与忍让并没有换来舍友们的感恩戴德，她们反而越来越肆无忌惮地压榨和欺负三毛。甚至在某天夜深人静时对酒当歌，举杯邀月，对三毛的劝慰与警告，舍友们完全不放在眼里，装疯卖傻，我行我素。

当学校院长知晓此事后，不仅没有追究舍友们的责任，反而把所有的责任都推到三毛的身上。最终，愤怒的三毛忍无可忍，大发雷霆，长期积压的不良情绪在这一刻得到爆发。她不管不顾对舍友们张牙舞爪、拳打脚踢，发泄内心的不满与委屈，甚至还泼了院长一身的水。

此件事情发生后，三毛本以为自己得罪的那些人都会借此疏远自己，可谁知却发生了戏剧性的一幕。舍友们开始尊重三毛，对她嘘寒问暖、阿谀奉承，连院长都对她既往不咎，亲吻她的脸颊，对她表示友好。

　　三毛的故事，并不是要告诉你"会哭的孩子才会有奶喝"这样浅显的小心机，而是想让我们明白这样一个道理：一个不爱自己的人，别人也不会认真地对待你，一味地委曲求全迎合别人，不把自己当回事儿，别人也会打心眼儿看不起你、轻视你。

●一个不爱自己的人，只会失去更多的东西

　　你以为爱一个人的最好方式就是无条件地付出吗？你以为付出了多少，就能得到同等的回报吗？错，一个不爱自己的人，只会失去更多的东西，朋友、爱人、同事并不会因为我们的自我牺牲与奉献就感激涕零。

　　恰恰相反，我们的纵容只会让对方予取予求，变本加厉，而我们不仅得不到期望中的结果，反而还得承受各种委屈。迎合了别人，就能换来真正的友情、爱情吗？不一定，真正的朋友、爱人，从来不会舍得让我们单方面付出，更不会让我们受尽委屈、尝尽冷暖。

　　爱上一个人之前，我们应该好好爱自己，唯有爱自己，才能活得闪亮耀眼、光芒万丈、魅力四射。唯有爱自己，我们才能用自己的幸福快乐感染身边的每个人，赢得他人的尊重与喜欢。

纵然孤独，也有魅力

刷微信朋友圈时，看到一位久未露面的朋友发了一条动态："原来，这世界上没有谁离不开谁，时间终究会治愈一切伤痛。努力了这么久，我终于习惯了一个人吃饭，一个人过周末，一个人逛街，一个人看电影。以前提起孤独就会觉得恐惧的我，现在竟然也能和孤独相依相伴，现在的我享受孤独带给我的时光，孤独让我变得淡定从容。"

看完朋友的这段文字，我内心由衷地为她感到高兴：她终于走出那段难捱的岁月，重新找回了自我。和一年前相比，单从这段文字上就发现朋友已经发生了很大改变，再也不是当初那个唯唯诺诺、终日泪流满面的柔弱姑娘了，而是一个坚强独立的新时代女性。

犹记得那年刚认识她时的场景：扎着一条马尾辫，穿了一条碎花裙，整个人看起来特别单纯可爱。她娇羞地躲在男友身后向我露出一个笑脸，那灿烂而美好的笑容至今想起来仍历历在目。相比当初一脸单纯傻乎乎的模样，我反而更喜欢历经千辛万苦蜕变后的她，自信、从容、倔强、独立。

朋友大学毕业后之所以选择来到A市，完全是为了追随男友的步伐，因为男友决定到A市打拼事业，所以她就跟着男友一路从南方来到北方。为了爱情，朋友舍弃熟悉的亲朋好友来到这座完全陌生的城市，只为了与心爱的人谈一场最圆满的恋爱。

可是，计划没有变化快。不到一年，男友见异思迁，爱上公司新进的女同事，并不顾朋友的挽留，执意要和她结束5年的爱情长跑。

还记得朋友在讲述她男友拖着行李箱搬离出租房时的情景。她哭得撕心裂肺，甚至以死威胁，可男友却冷若冰霜，不为所动，头也不回地绝然而去，只留下独自一人、伤心欲绝的她。

那天，朋友哭了整整一个晚上，仿佛要把这辈子所有的眼泪都流干，把有关男友的记忆统统都抹去，似乎只有眼泪才是最好的发泄方式。之后，她出去旅行了一个星期，回来后就像突然变了个人似的，认真工作，努力学习，并尝试一些之前想都不敢想的事。

比如，一个人在漆黑的夜晚独自回家，一个人晨起跑步锻炼，一个人去爬山，一个人去旅行。经历了伤痛后的朋友，不再惧怕漫长而孤独的深夜，也不再害怕寂寞时的孤独与无助。

她深深地认识到，如果人生不向前看，永远停留在逝去的伤痛中，只会让自己更狼狈，更让人看不起。她想努力证明自己，给曾经抛弃自己的男友看，她并不是一无是处，懦弱不堪，经受狂风暴雨的洗礼，她也可以绽放出最美的身姿。

一个人度过了那段灰色的日子，从失恋的苦痛中逐渐走出来的她，拥有着深刻的体会：一个人的生活也可以过得很好，孤独的时光会让自己变得更加从容，在他人的面前，展现一个全新的自己。

回想曾经的自己，何尝不是经历人生中一段灰暗与低迷的时光，最终在孤独中明白这样一个道理：人生就是不断地拥有与失去，只有拿得起放得下，重新整理行囊，用另一种方式去生活，我们才不会被那些无效的过往牵绊住脚步。

世界那么大，我想去看看，很多人对此心生羡慕。但我想说不用羡慕，只要想去随时都可以，不用等这个朋友请假，也不用照顾那个朋友的情绪，一个人的旅行，想怎么放松就怎么放松。

一个人背上行囊去陌生城市的街头巷尾寻找特色小吃，一个人在海边的沙滩尽情狂欢……一个人的时光，会让我们不断成长，不断蜕变，将一颗原本支离破碎的心，磨炼得更光滑圆润、无坚不摧。

当然，除了那些历经伤痛、历经挫折的人，每个人都应该提前练习跟孤独相处，让自己成为一个坚强的、独立的个体，即使不依附任何人，也能勇敢地生活，看最美的风景，去最想去的地方，做自己最想做的事。

当我们能平心静气地看待孤独，与孤独成为朋友的时候，我们便完成了一场由内而外的蜕变，甚至会发现自己以前更洒脱、更自信。

也许此刻的我们，正在为寻找一份合适的工作而四处奔波忙碌，即使前进的道路上压力山大，依然选择艰难前行。因为在孤独中沉淀后的我们，始终坚信千里马会遇到赏识自己的伯乐。

也许此刻的我们，正经历了一场刻骨铭心的失恋，失恋后的孤独让我们百无聊赖，一度觉得生活没有激情。但孤独的时候，我们却恍然间发现，这突如其来的自由，让自己的生活更放松、更惬意舒适了。

也许此刻的我们，正在一个人挑灯夜战，为考级做准备，由之前的爱玩爱闹变成如今的一心一意。虽然学习的日子让人感觉枯燥乏味，但随之而来的回报，也让我们心满意足，让我们对自己的未来更有信心。

也许此刻的我们，正为了给家人更好的生活而独自一人在热闹的都市中打拼，每天早出晚归，一个人上下班，一个人坐车，一个人睡觉，一个人洗衣做饭。一个人的日子也许让我们很讨厌，但时间久了，我们也能自娱自乐找到生活的乐趣，将平淡如水的日子过得有滋有味。尤其是听到家人的声音，看到孩子的笑容，再苦再累，也会觉得一切都是值得的。

生活给了我们一百万种可能，有人疼有人爱，但同时也会有一百万个不确定在等着我们。不管眼前如何，我们都要做好随时迎接孤独的准备，这样才不会在面临孤独时，手忙脚乱，不知所措。

每一次与孤独相处的时光，都是一个崭新的开始；每一次直面孤独的时刻，都是一次自我的救赎；每一次经历的孤独，都会不断修炼、提升，呈现出一个更加出众的我们；每一次孤独的背后，我们都会变得豁然开朗，宽已待人，坦然面对那些在我们生命中出现的人和事，越发地从容、淡定。

纵然前进的道路上荆棘密布，哪怕我们会因此变得沮丧、失望，也请不要害怕孤独。如果我们能克服孤独、战胜孤独，便可以重获自信，塑造更有魅力的自己，在不动声色中，给他人一个意料之外的惊喜，让自己成为众人眼里的佼佼者。

不要奢望所有的人都能陪我们笑到最后，也不要轻易听信他人许下的诺言。对于人生来说，一个人想要真正地成长，唯有忍受住孤独时光，才能发自内心地强大起来，历尽千帆归来仍是少年，全力以赴做更好的自己。

纵然孤独也有魅力，请相信，捱过那些孤独的时光，未来的我们，会变得更好！

别害怕，让孤独成为你前行的力量

某天，与朋友叙旧，不知不觉就聊到了孤独，这让我想起公司的一位同事：她是个刚毕业的小姑娘，大家都叫她曼曼。

曼曼长相甜美，性格温和，看上去给人一种很舒服的感觉。年纪轻轻的曼曼不太合群，她总是独来独往，去食堂吃饭一个人边吃边看手机，下班也从来不和同事们一起走。就连午休时间，别的同事都聚在一起讨论八卦、时尚的时候，她也是一个人默默地捧本书来看。

时间一久，公司那些无聊的人便开始捕风捉影，在背后悄悄议论："长得这么漂亮，竟然没有男朋友，是性格太孤僻了吧！"

"估计老家是农村的，家庭条件不好，所以在这个城市里，感到自卑呢！"

"也许她专科毕业，在我们这些名牌大学本科毕业生面前自惭形秽，不愿和别人打交道呢！"

"你说，她是不是有什么见不得人的事情不想让我们知道，才独来独往的呀！"

同事们你一言我一语，讨论得异常精彩，这更加重了我的好奇心。某天午休，我去公司附近的咖啡馆买咖啡，一进门就发现一个熟悉的身影。曼曼一个人坐在靠窗的位置，面前放了杯咖啡，手里捧着一本书，正聚精会神地看着，对我的到来丝毫没有察觉。

我端着点好的咖啡坐到她的面前，她才一脸茫然地抬起头，微笑着和我打了声招呼后，又继续埋头看起书来。这时，我注意到原来她手里捧着的是一本英语考试辅导教材，内心感到有点儿震惊的我问道："曼曼，你来公司有多久了？"

曼曼抬头看着我说："一年零四个月了。"

"这期间，好像都没见你和同事们一起聚会过呢？"

"是的，我喜欢一个人独来独往，不太喜欢热闹。"

"哦，是吗，一个人的时候，你不会觉得孤独吗？"

曼曼没料到我会突然间这么问，略微迟疑了一下，然后微笑着说："一个人也没有什么不好，我现在每天跑步、学画画、为英语等级考试做准备，忙得不可开交。其实，我也知道同事们都在背后议论我性格孤僻，但其实并不是这样的。一个人的时候，我不必把宝贵时间浪费在一些没有意义的社交上，就有了很多时间做自己喜欢的事，才看清许多以前不曾看清的人和事。正是孤独，让我整个人都充满了力量。"

听完曼曼的话，我微笑地看着这个初入社会却把孤独看作平淡、看作力量的女孩，对她由衷地感到佩服。

网上曾看过一段话，大致的意思是说，一个人若想要实现自己的梦想，孤独就是实现梦想之前的必修课。一个人如果不能静下心来在孤独中沉淀自己、修炼自己，或许就真的没有办法轻松实现自己的梦想。一个恐惧孤独、连孤独都不能忍受的人，是很容易被现实的挫折给无情击垮的。

公司有个一直合作的老客户周总，自老婆前几年因病去世后便一直没有再娶，每次外出谈业务签合同，都是他一个人亲力亲为。有一次与周总谈完业务后，我们一行人去吃饭，席间，公司的一位新同事出于好奇便问："周总，听说您这几年来一直都是一个人生活，难道你不觉得一个人的生活特孤单吗？"

没想到，同事会突然问出这么尴尬的问题。为了打圆场，我赶紧提醒同事："小李，你饿了吧，赶紧多吃点儿菜。"

周总大概看出我的不好意思，连忙摆着手说道："没事，不用放在心上。"接着，周总又说："一个人的生活很忙碌，也很充实，如果此刻我硬说不孤独肯定是骗你的。但孤独也是好事，因为它让我把一个人的生活过得也很丰富多彩。孤独是一种隐性的力量，总是在我最需要帮助的时候，给我支持与鼓励，让我不再感到惧怕。"

是啊，小时候最害怕孤独，不敢一个人在家，不敢一个人睡觉，如果父母不在家，就会一直担惊受怕。现如今，随着年龄的增长，阅历的提升，反而觉得孤独并没有想象中的可怕。就像周总所说的那样，一个人的时候，孤独会让我们充满力量，强大到不惧怕任何人或事。

每个人都会长大，经历不同的变化，从小时候的三五成群变成如今的形单影只，从懵懵懂懂逐渐走向成熟睿智，却发现前行路上朋友越来越少。即使可以联系的朋友那么多，但能说知心话的却少之又少，能读懂我们的人更是微乎其微。纵然孤独，我们也不必为了无效的交往而委屈自己巴结他人，那样没有任何意义。

其实，孤独并没有我们想象中的可怕。当我们经历孤独，便能清楚地知道自己需要什么。当我们感到孤独，就已经独立、长大了。我们可以把孤独当作一种鞭策、一种激励、一种力量，努力奔跑，不断进步，最终到达胜利的彼岸。

当然，每个人对孤独的定义不同、看法不同，在直面孤独时，每个人所表现出来的行为也会不一样。有的人在孤独中变得颓废，自暴自弃，最后在孤独中被一点一点吞噬。但有的人却把孤独看作另类的生活方式，看作生活对自己的考验，把孤独变成一种力量，积极向上，越挫越勇。

刘若英在《我敢在你怀里孤独》一书中也曾说过独处的重要性。她自曝在自己两岁时就开始拥有独立房间，并经常一个人在房间里玩各种游戏，自娱自乐，乐此不疲。

在她的成长过程中，她其实一直都是比较孤独的。从小父母离异，有一段时间，她曾被寄养在一个远方亲戚家里，受尽白眼，后来才被接到祖父母身边。上学后，虽然有同学可以相处，但毕竟不及父母的疼爱，再加上在学校与同学相处的时间较短，身边的玩伴并不多。

即便如此，刘若英并没有因此觉得自己是个可怜的小孩儿，反而发自内心地认为自己要比其他人幸福。之所以会有这种想法，是因为班上其他同学会因为父母吵架而情绪不佳，或作业没有按时完成而挨揍。

但她不会，她的父母基本上不会同一时间出现在她的面前，她自然也不需要忍受父母吵架时的恶语相向，更不用为此而感到难堪。哪怕作业没有按时完成，她也不会被暴打一顿，因为父母无暇顾及，祖父母又特别疼她，所以她根本不用整天提心吊胆。

这也使得刘若英在成长过程中遇到一些烦恼或苦楚时，从来不跟他人倾诉，而是经常和镜子中的自己对话，从中寻找解决问题的办法与答案。哪怕在此过程中，遭受一些冷嘲热讽，她也试着自我开解。

在她看来，不管外界的眼光如何，生活的环境再糟糕，自己总能寻找到一种合适自己的生活方式。只要过得开心舒适就好，何必一定要顾忌他人的看法呢？正如她在《我敢在你怀里孤独》这本书中写道："不管你是享受独处，还是被迫独处，都不能失去拥抱独处的能力！"

或许有些人不太理解，但我们不妨想象一下，如果我们每天的生活都是前呼后拥、门庭若市，发生一点儿鸡毛蒜皮的小事，就有人帮忙出谋划策，甚至对我们指手画脚、评头论足。在这种嘈杂的环境中，我们是不是特别想一个人静静，甚至有种特别想要逃离的冲动？

如果是，不妨在心中反问下自己："一个人时候怕什么呢？"怕冷，有电热毯和暖手宝；怕热，有空调和风扇；逛街没人陪，可以逛天猫、京东，这一切是不是也很方便？

即使是孤独的一个人，也可以将苟且的生活过成诗和远方。看到这儿，是不是觉得自己和小时候的刘若英一样，虽然承受着孤独，但却是幸运的。

一个人的时候不用将就谁，反而拥有更多选择的权利，也能享受一个人的自由，多好！所以，别害怕，让孤独成为你前行的力量吧！

总是看不到自己的优点，才会备感孤独

车水马龙的大街上，熙熙攘攘的人群中，一个人站在街角看着这喧嚣与热闹的场景，你是否感到自己与这一切格格不入？是不是觉得不管自己怎么努力，都很难融入这个城市，不能和身边的人打成一片？内心是不是常常抱有这样的感受：

不管是工作还是生活，似乎做什么都不顺，越来越感到迷茫；

空有一腔抱负，却始终遇不到赏识自己的伯乐，郁郁不得志；

总觉得自己的想法没有任何人能懂，没有一个人能够真正理解自己……

如果因为这些感受而时常感到困惑与无助，只能说明我们的内心从来没有正确地认识自己，没有看到积极、阳光的一面，所以内心才会这样忧虑、孤独，感到茫然无措。

怎么办呢？不急，或许看完下面这个有趣的寓言故事，你就会恍然大悟，内心豁然开朗。

有一只老鼠，看到动物界的朋友每天都忙忙碌碌，发挥着自己的长处，将小日子过得精彩纷呈。再看看自己，仿佛一无是处，除了打洞外，就没有什么拿得出手的优点了，更重要的是，因为自己什么都不会做，也不太招人待见。

郁郁寡欢的老鼠，于是整日无所事事地待在老鼠洞里，虚耗光阴，任凭孤独与寂寞，将自己对生活的热情一点点耗尽。某天，老鼠实在闲得发慌，便偷偷地从洞中爬出来，想看看外面的世界。

露出半个头的老鼠，看到太阳暖暖地照射着大地，浑身散发出耀眼的光芒，便心生羡慕地对太阳说："太阳太阳，你真了不起，只要

你一出来，整个世界就是暖暖的！"

太阳笑了笑说："不，其实我很普通，只要乌云一出现，我的光芒就会被遮挡起来，大家都看不到我了。"

过了一会儿，乌云真的出现了。当乌云出现的刹那，果然一点儿太阳光都看不到了。老鼠看到后又对乌云说："乌云，你好伟大，竟然能把太阳遮住。"

乌云有些不好意思地笑了笑说："哪有你说得这么伟大，待会儿只要一阵风吹来，我就会烟消云散。"

话音刚落，一阵猛烈的大风吹来，待老鼠重新睁开眼睛，哪里还能看到乌云的影子。

一阵风也能这么厉害，老鼠一脸崇拜地对大风说："大风，你好能干，你一出现，乌云就不见了。"

大风说："这算什么，只要遇到一堵墙，我就立马泄气了。"

听完这话，老鼠又转身对旁边的墙说："你可真有本事，屹立在这里不动，都能把风的去路给阻挡了。"

墙听完这话，哈哈大笑起来，说："别光羡慕别人的本事，其实你的本事也挺大，只需要短短几分钟，你的鼠兄鼠弟们就可以把我钻出一个大洞来。"正说着，墙角立马就被一只老鼠钻出一个大洞。

听到墙的那番话，老鼠终于醒悟过来，原来自己并不是一无是处，只是没有发现自己的优点而已。

看完这个故事，你的内心是不是百味杂陈？为什么自己总是感到迷茫、孤独？其实，最主要的原因就是，我们总是看不到自己的优点，才会备感孤独。

在这个快节奏的社会里，工作压力与生活压力让我们疲于应对，我们才会感到压抑，觉得自己不被理解，很难融入周围的环境，并为此感到茫然与无助。

我们不曾正确认识自己，对自己的人生没有一个合理的认识与规划，没有清晰地认识到自己的优点与缺点，甚至不知晓目前的生活是否合适自己。总之，我们对自己的一切处于一种迷茫状态，所以才会觉得没有人能够读懂自己。

该是时候转变这种错误的思想了。只有认真地审视自己，正确地认识自己，我们才能看到自己的优点，扩展自己的思维，远离焦虑与迷茫。那么，如何才能正确认识自己的优点，相信下面几点可以帮助到你。

●经常给自己留一些独处的机会

孤独又如何，它不代表自己拥有独处不被人打扰的空间吗？利用这难得的独处，听一段音乐，读一本好书，或者在慵懒的午后晒晒太阳，静静地发呆，都可以方便自己更好地聆听心灵深处的声音，确定未来的方向。

●从城市的喧嚣热闹回归大自然的清幽僻静

一个人若是长期过着一成不变的生活，很容易感到枯燥与乏味，内心更容易对眼前的生活感到厌倦。所以，当我们感到迷茫无助时，不妨暂时停下来，让自己从城市的喧嚣热闹回归大自然的清幽僻静，背上行囊，关掉手机，放松自己，独享片刻的宁静。

●清楚识别内心最真实的想法

人有时候会心血来潮做出一些奇怪的举动，但这并不是最真实的我们，只是一时的突发奇想而已，或许做完这些事，我们就会立马后悔。之所以这样，是因为当这样的念头闪现时，我们没有清楚识别内心最真实的想法。

因此，当我们有了这些想法，一定要三思而后行，千万别被一时的兴致蒙蔽内心最真实的想法与意图。

●反思自己，不断做出改变

每个人由于成长环境不断变化，生活方式与习惯也会发生改变，哪怕已经习惯了某种生活方式，但并不代表现在的我们，也并不一定适合现在的我们。如果不想重复以前的每一天，我们就要每隔一段时间去思考、反思自己的生活，寻找一种最适合当前境遇的生活方式。

在适合自己的生活方式里，发现自己的优点，找到人生的目标，确定生活的方向，以一个全新的姿态，开始一段新的人生旅途。

Chapter 4 / 不被摆布：
你才是人生唯一的导演

　　每个人都是独立的个体，有自己独特的行为和思想意识。身处这个社会，总有一群人以过来人的经验，打着"为你好"的幌子，为你出谋划策，摆布你的人生。可是，他们眼中的"好"真的适合我们吗？未必，要知道你才是自己人生唯一的导演。只有勇敢做自己，才能活出独一无二的价值。

我不是你的笼中鸟，请别束缚我的自由

每个人都崇尚自由，希望自己能决定自己的人生。每个人都对自由充满向往，希望自己的生活不被他人干涉。不然，自己做什么事情，都被他人一票否决、横加指责，这样的人生过得也太没意思了。

生活中，不乏一些看起来活得光鲜亮丽的人，其实他们过得一点儿也不快乐。很多事并不能按照自己内心的想法去做，因为身边的亲朋好友会否定、反对，动之以情、晓之以理地进行说服：你的决定是错误的，而我所做的一切都是为了你，所以你要听我的。

长此以往，在这种思想的包围下，我们开始对他人"一切都是为了我们好"的说法深信不疑，并逐渐失去向对方表达真实想法的勇气。可是，他们口中的为我们好，就真的适合我们吗？

经过三年的爱情长跑，丽丽和小伟终于携手走进婚姻的殿堂，郎才女貌的他们得到身边所有人的祝福。可是，外人眼里看似幸福的婚姻，并不能消除丽丽内心的苦楚与失望。

结婚之前，丽丽就发现自己和小伟不太合适，如果两个人真的走到一起，难免会产生许多矛盾与冲突。但架不住朋友们的一致劝说，她最终还是放弃了这个想法。可是，婚姻并没有让之前的弊端因为近距离地磨合就得到改善，众人眼里的好男人，看起来细心、勤奋、努力的小伟，脾气不太好，是个典型的大男子主义者。

出于爱，小伟舍不得丽丽受半点委屈，所以不管什么事情，都替丽丽着想，并代替她做决定。大到买房买车，小到家里的洗漱用品及柴米油盐，选择什么味道、用什么牌子，小伟事无巨细，都要包揽。

不仅如此，他还美其名曰："亲爱的，我这么安排都是为了你好，我负责赚钱养家，你负责貌美如花就好了，剩下的所有事情都交给我。"可是小伟的处处制约与限制，却让丽丽感到十分压抑与痛苦，因为丽丽并不想做一个中看不中用的花瓶。

丽丽是学新闻出身，在一家电视台做记者，因为工作的特殊性，会经常天南海北地到处去采访。但在小伟看来，这份工作不着家不说，有时候还特不安全。于是，在小伟的强烈反对下，丽丽只好放弃这份工作，她觉得小伟这样做也是为自己好，是爱自己的。

可是，婚后越来越多的事情，却让她发现事实并非如此。某天，高中同学聚会，丽丽满心欢喜打扮得美美的准备出门时，小伟说："丽丽，同学聚会有什么好去的，不就是喝酒吃饭吗？没意思，再说回来太晚了，也不安全。"

"同学聚会也是为了联络感情，如果你实在不放心，我尽量早点儿打车回来，或者你去接我都可以！"丽丽边说边往门口走。

谁知，这个举动彻底惹恼了小伟。小伟啪的一下将手里的水杯砸向门口，大声吼着丽丽："我不是说了吗，为了你的安全着想不让你去，你怎么不听呢？"看着歇斯底里、怒气冲冲的小伟，丽丽的眼泪哗的一下就出来了。

她一边哭一边回想着这一年多来的婚姻生活，突然感觉自己就像小伟笼子中养的一只金丝雀，看起来衣食无忧，但却永远无法展翅高飞。

经过一番深思熟虑，丽丽不顾小伟的再三挽留和他离了婚。卸下心灵的枷锁后，丽丽感到整个人都轻松了，似乎又找回了往日的自信。

丽丽的故事，看起来有些偏激，但生活中，这样的事情并不少见。尽管每个人都想与人和平共处，发展最和谐的人际关系，但我们并不是他人的附属产品，是一个独立的个体，有自己的想法与意愿。即便最亲密的爱人，也不能随意剥夺我们的想法，限制我们的自由。

美国人本主义心理学家罗杰斯说："我们的生命过程就是做自己，成为自己的过程。一个人的生命意义就在于选择，我们只有不断为自己的人生做出选择，才算真正地活过。"

我们不是小孩子，如果整天做什么事情都被人管着，像一个提线木偶似的被人操控，这样的人生还是自己的吗？一个人如果不能活出自己的精彩，人生又有何意义呢？

我们不妨想想看，若我们的人生不断遭遇他人的强行安排，即便对方的安排自认为是合理的，但真的就适合我们吗？人生需要自己去经历、去体会，如果我们总是被他人摆布，那这样的生活没有妙趣可言。

人生一辈子，短短几十年，我们不必为了迁就某个人而放弃自己，否则到最后只会让自己更加痛苦。

我不是你的笼中鸟，请别束缚我的自由。未来的路该通往哪里，该何去何从，应该由我们自己来选择与决定，旁人的意见只能作为参考，并不能代替我们做出决策，而我们也不应被他人的言语与思想所束缚。

每个人都要给自己的人生做一个规划，找到自己的人生目标，过自己最惬意、舒适的生活。千万不要让他人的决策影响我们的人生与未来。具体怎么做，可以从以下三方面入手。

●向对方清晰表达自己的理想与追求

当我们遭遇一些无理的要求与阻拦时，不妨在内心反思一下，自己需要的究竟是一种怎样的生活？只有明确未来的方向，对生活做出合理规划，我们才能勇敢而坚定地在身边那些干涉我们自由、摆布我们人生的那些人面前，展示自己的态度，表达自己真实的想法，做真正的自己。

比如，我们可以这样说："不可否认，你的建议比较实用，但人生际遇充满无数种可能。你喜欢平平淡淡就是真，但我更喜欢历经风雨后的彩虹。你有你的见解，我有我的追求，我希望我们能互相尊重、互相鼓励。"以此向对方清晰表达自己的理想与追求，避免对方干涉。

●努力让自己变得独立自主

可能我们会发现，生活中经常干涉我们的人，也许会是我们经常求助的人，或是不经意间在对方面前表达了自己的脆弱与无助，给对方营造了一种"他没有主见，所以需要我来替他做决定"的假象，因而让自己陷入窘境。

要想改变这种情况，我们就要努力让自己变得坚强、勇敢、独立、自主，这样别人才不会小瞧我们，把我们当作一个长不大的孩子来替我们做决定。

●对他人的建议取其精华、去其糟粕

尽管我们的内心十分渴望自己的事情能自己做主，但也不要因此就对他人的建议不屑一顾，完全否定。毕竟当局者迷旁观者清，有时候他人的建议，也能给我们起到很好的帮助作用。

所以，我们应该分清利与弊，在不违反原则、破坏底线的前提下，取其精华，去其糟粕，根据自身实际情况说服对方。

你确定那些"好工作"真的适合你吗？

生活中，大家是否经常遇到这样的情形：总有一些人在你的耳边不停地说一些大道理和经验，诸如"我走过的路比你过的桥还多，听我的准没错""这是我多年积累的经验，错不了"等。

受这样思想的影响，我们一路跌跌撞撞，并在不断的"指导"与"建议"下，一路艰辛地成长。可是，他们口中所谓的经验与道理，真的适合我们吗？

我有个同学，记得大学毕业找工作时，家里人便劝他要找个带正式编制的，这样才有保障。恰好此时，有个热心的亲戚给他介绍了一份这样的工作，工资不高，朝九晚五。那亲戚还扬扬自得地对同学说："你可别小看这份工作，虽然挣得不多，但重要的是它有编制，是'铁饭碗'！"

听亲戚这样说，同学忍不住在心里发牢骚：编制又如何，混日子的人生，有意思吗？后来，同学婉言谢绝了亲戚的好意，这事也就不了了之了。

人们常说"三百六十行，行行出状元"。是金子总会发光，只要踏实肯干，不管编制与否，在哪个工作岗位中都能创造出辉煌来，何必一定要纠结编制的问题呢？但是，生活中总有那么一些自以为是的人，闲得发慌，非得把好好的工作硬生生地给分出个三六九等。

尤其是在老一辈人的思想中，他们眼里的好工作就是"带编制""铁饭碗"的那种。机关事业单位、国企、公务员之类的，才是可以一辈子靠山吃山的"好工作"，哪怕挣得不多，但旱涝保收，还可以享受法定假日，福利待遇也好。

　　可长辈们有没有想过。现在已经是改革开放的21世纪了，难道除了这些"带编制""铁饭碗"的工作外，其他工作都不好吗？非也，并不是不好，而是长辈们的思想与认知还停留在以前，才会觉得其他工作朝不保夕。

　　闲来无事，我在网上查了下资料，大致了解了"编制"和"铁饭碗"的含义。编制也分为行政、事业、银行等几种；"铁饭碗"则被喻为稳定、永远不会失业的工作，通俗地说，也就是干与不干、干多干少、干好干坏都是一个样，不会被随便"炒鱿鱼"。只要通过几项重要的考试，就能获得"编制"与"铁饭碗"，与国家攀上"亲戚"，一辈子也就衣食无忧了。

　　与国家成为"亲戚"？这词听起来好像特别有诱惑力！事实证明也确实如此，很多人为了能吃上"皇粮"而拼命努力。尽管这与他们内心的想法或理想背道而驰，但不少人还是这样做了。

　　一次不行再考第二次，一年考不过第二年再考，总之考上了公务员，比什么都重要。公务员的头衔让他们从上而下散发着一层光环，并成了父母亲戚之间相互炫耀的资本与荣耀：还是我们家孩子有出息，当上公务员有了编制后，再也不用为工作发愁了，瞧，××家的孩子每天都在上班，没有节假日，真是可怜啊！

　　难道说没有"编制"，不是"铁饭碗"的工作，就很可怜吗？未必！您家孩子每天上班这么清闲，也未必就过得开心快乐。请问，您有真正了解过您家孩子的想法吗？倾听过他们的心声吗？

　　我有个堂妹，每次和我聊天时，总会在电话那头流露出她想辞职的念头。堂妹毕业后，听从长辈们的建议进了一家有编制的政府机关工作。"弃之可惜，食之无味"，大概是形容她的工作的最好表述了吧！

　　据堂妹说，她每天都无所事事，最开心的莫过于整理每月一次的例会记录，只有此时，才不会觉得自己是个闲人，感到自己是有价值的。她说，最初参加工作时，她也是斗志昂扬、充满激情，每月一次的例会，会早早地到办公室做好准备工作，并在会议结束的第二天把整理好的会议记录交给领导。

她满心欢喜，以为自己高效率的工作方式会得到领导的表扬与认可。可谁知，领导看都不看，便对她说："我现在没空看，这个以后可以迟点儿交。"听完领导的话，堂妹对工作的热情瞬间跌落到谷底。

既然领导都不急，自己又何必瞎操心呢？后来，堂妹便开始变得懒散起来，上班时间看电视、斗地主、聊微信、浏览网页。反正只要自己能把上次的会议记录在每个月底前完成就好，反正自己的工作也没人管。

我问堂妹："你不觉得这样有点儿虚度光阴吗？"堂妹一脸惆怅地说："我不是没想过这个问题，可现在已经这样了，如果不上班，我就没有经济保障了。"

这一切在单位有新人进来后得到稍许改善，领导把她调到行政部门去核算工资发放情况。虽然换了岗位，但工作依旧清闲，每个月的工作三四天就可以完成，其余时间，堂妹依旧虚度着光阴。

直到某天，她在家整理读书时的笔记和资料时，看到以前的一些老照片，才恍然间想起，原来自己大三时竟然还得过英语大赛的冠军，也很喜欢演讲和辩论，甚至还在学校晚会上担任过主持人。

可现在呢？除了每天看看电视、刷刷朋友圈、浏览下网页，她真的不知道自己有什么拿得出手的荣誉和特长。毕业四年，自己不但没得到一点儿进步，反而还走起下坡路，甚至连一些基础的办公软件都觉得生疏了。

看着堂妹这样，我便安慰她："趁现在还年轻，可以好好利用这些时间去学点儿知识。"可是，堂妹对我的建议不置可否。她既不想丢弃这份千辛万苦得来的"好工作"，也不想绞尽脑汁再去学那些深奥的知识。

堂妹也深知这样不对，照此情况发展下去，一辈子也就是个小职员，为求得一份安稳而活。可明知这样，堂妹却不想做出改变，她已经没有了当初那颗斗志昂扬、勇敢进取的心。

人生苦短，把自己的大好青春放在一件自己并不喜欢的事情上，真的是一件很痛苦的事。堂妹的事，我真心为她感到惋惜。

之所以觉得惋惜，并不是说"编制""铁饭碗"的工作不好，而是替堂妹的人生觉得惋惜。堂妹清楚地知道自己其实并不喜欢这份工作，却因为害怕、缺乏勇气而不敢走出去。

谈论起自己的人生目标、理想，堂妹觉得那似乎是一件很遥远的事。在她毕业选择工作时，就被长辈们的"好工作"的建议给打压了。

在"好工作"的诱惑下，堂妹选择了妥协。可真正工作后，她才发现长辈们眼里的"好工作"，其实并不适合自己。但此时，已经习惯了这种工作方式的堂妹，缺乏想要逃离的勇气，只能让自己处在这种尴尬的两难境地。

看到这里，你还会觉得长辈们眼里的"好工作"就是好工作吗？如果还是这样想，那就错了。什么是好工作？好工作就是我们喜欢的、感兴趣的，并为之努力奋斗，只有这样，我们才会积极投入，越干越有激情，并从中感受到工作带给我们的乐趣。

如果我们正好喜欢这样的工作，那无可厚非，但如果别人眼中的"好工作"与我们的目标、理想背道而驰，并不适合我们，还是趁早谢绝别人的好意，另做决定吧！

时代不同，社会也开放了，禁锢的思想也需要得到解放。这都什么年代了，如果我们还抱着那种老封建思想，觉得月入几万的猪肉商贩不如在高档写字楼里拿着三四千的白领，甚至觉得大学生卖煎饼是件丢人的事，那就真的Out了。

学会勇敢挣脱陈旧思想与观念的束缚，我们都应该勇敢地为自己而活！

听过那么多道理，为什么还是过不好这一生？

西方有句谚语：上帝给人们两只耳朵，一个嘴巴，就是希望人们多听少说。话虽如此，可这个世界上真正多听少说的人又有多少？很多人都是少听多说，尤其喜欢在他人背后指指点点，说我们这也不对，那也不对。

殊不知，这些看热闹的人根本就不了解我们内心的真实想法与感受，他们凭什么能够知道我们该走什么样的路呢？所以，我们不必听信那些在背后搬弄是非之人的言论，勇敢地走自己的路，这样才能活出自己想要的样子。

作家韩寒曾说："在赛车之前，遇到的是不解和嘲笑，但我现在是七届全国总冠军；在游泳之前，遇到的是支持和吹捧，但我现在依然游不好。别人的眼光不重要，你把事情做成什么样子才重要。"

是的，别人的眼光与看法并不重要，重要的是我们如何去做一件事。成长过程中，我们虽然可能因为经验的缺乏而功败垂成，甚至垂头丧气、心灰意冷，但我们的人生不需要别人在背后指指点点。

指指点点是指手画脚的挑剔，指点才是指导、指教、善意的帮助，这也是为什么很多人希望能够得到有经验的前辈或高人的指点，而不愿他人在背后指指点点。

不可否认，我们虽然很讨厌那些喜欢在背后指指点点的人，但多多少少还是会受到这些人的影响，因为他人不屑的目光与言论，因为他人的一句肯定或否定而悲喜交加。长此以往，我们便在他人的言论中失去自我，失去人生的目标与方向。

这个社会不乏一些从小到大都受他人摆布的人。他们缺乏主见，没有独立自主的生活能力，甚至有可能一生都要依靠他人而活。这样的人，恐怕一辈子都很难出人头地，因为这压根儿就不是他自己的人生。

尤其是很多家长，在教育孩子的问题上，总想着望子成龙、望女成凤，拼命地给孩子报各种兴趣班、辅导班，希望孩子能按他们规划好的轨迹去做，但这样不顾孩子意愿的安排，真的就是为了孩子好吗？

我们所希望的人生，一定就是孩子想要的吗？正如黎巴嫩诗人纪伯伦在诗中写道：

你的儿女，其实不是你的儿女，

他们是生命对于自身渴望而诞生的孩子，

他们借助你来到这世界，却非因你而来。

他们在你身旁，却并不属于你，

你可以给予他们的是你的爱，却不是你的思想，

因为他们有自己的思想，

……

不仅仅是孩子，成人的世界更是如此。伴随年龄与知识的增长，每个人的想法不同，人生目标自然也会不同。父母尚且不能一辈子左右孩子的思想与行为，我们就更加不需要理会他人指指点点的目光与看法了。

就像韩寒在导演的电影《后会无期》中说的那样："他人的嘴都道不明你该走的路，符合自己内心的愿望比活成他人想要的形状更重要。"

事实也的确如此。不受他人的摆布与影响，勇敢地活出自我，才会让自己的人生价值得到更好的体现。1999年，正在读高一年级的韩寒在全国首届新概念作文大赛中以《杯中窥人》斩获一等奖，随后却因期末考试成绩挂科而留级。

2000年，他又发表了长篇小说《三重门》，并因此出名。孰料，留级后的韩寒再次因成绩不合格而挂科，这一次他决定退学。退学前，学校教师语重心长地挽留他，并问："退学后你能做什么，你又拿什么养活你自己？"

"我可以写作，用稿费来养活自己！"韩寒轻描淡写地说道，似乎一点儿也不为自己的将来担忧，但他的回答却引来教师的一片嘲笑，因为他们觉得眼前的这个学生太不知天高地厚了。

可就是这样一个让教师担忧养不活自己的学生，却在之后的几年陆续发表了许多作品，并在2010年登上美国《时代周刊》杂志的封面，2014年首次担任导演的《后会无期》上映，2017年1月编剧并执导的第二部电影《乘风破浪》上映，而且两部电影都取得不错的票房。

当年在教师眼中出了校门可能连自己都养不活的叛逆少年，如今归来，终于活成自己当初所希望的样子，从他人的一片质疑声中收获了属于自己的成功。当初那些嘲笑他、打击他的人，现在怕是想见他一面都难。

反观韩寒的人生，他一直都是率性而为，遵从自己内心的意愿与想法，坚定不移地朝着自己的理想勇敢前行，并一路创造辉煌。

当然，我们并不是说韩寒退学就是明智之举，是正确的，值得赞扬。我们只是想说人生短暂，每个人都应该勇敢地追寻自己的理想，让自己的人生不留遗憾。

人生在世，每个人在前行的道路上都可能遭遇困惑与迷茫，并因此而失去人生的方向。此时我们不妨静下心来，认真仔细地想一想，聆听一下他人的意见，千万不要在本该奋斗的年纪却因他人背后的指指点点而选择安逸，更不要轻易放弃自己的目标。我们必须明白他人的建议只能作为参考，听一听就好，最终还得自己做决定。

每个人的心中都充满一幅美好的画卷，在画卷中勾勒着自己的人生与希望。这期间，如果我们因为他人的指指点点就对自己的行为产生质疑，无疑会被他人牵着鼻子走，从而与自己的目标渐行渐远。

听过那么多的道理，为什么还过不好这一生呢？有些事，他人不曾经历，不曾遇见，又怎能感同身受给出合理的建议呢？

前行的道路上，我们千万不要因为他人的指指点点就踌躇不前、犹豫不决。要知道，这世上的每个人都是与众不同、独一无二的存在，遵从内心做真正的自己，勇敢地活出自己的价值，才能成为自己最理想的样子。

人生是自己的，与他人没有半毛钱关系

每个人的一生都在不停地追逐他人的脚步，追逐他人的成功，甚至没有时间停下来欣赏一下身边的风景。就这样，一路追逐，直到最后我们才幡然醒悟，终其一生追求的目标，原来并不是自己想要的。

曾经期盼得到外界的认可与赞赏，到最后才发现，人生是自己的，与旁人无关。终其一生，我们不停地奔波在前行的道路上，可是我们又在追求什么呢？追名求利，还是为儿为女？这或许永远没有一个标准答案可供参考，毕竟每个人对生命的理解与期望都是不同的。

有的人一生为了功名利禄而活，认为名利比什么都重要；有的人活在当下，觉得享受生活才不枉人世间走一遭；有的人为了儿女而活，他们追求合家团圆、幸福安康；也有的人一辈子为国家、社会而活，总是不断奉献、牺牲自我。

不管是成功人士还是普通百姓，每个人追求的目标不同，感受自然不同。但不管追求的是哪种人生目标，只要是按着自己内心的愿望生活，不受他人的随意摆布，我想这个人一定是幸福、成功的。

不信的话，我们先来看一个经典的小故事，你就会发现遵循自己内心的需求，活出自己的精彩，比什么都重要：

有位千万富翁去海边度假村度假。到达度假村后，富翁在村口的码头看到一只小船正从海边打鱼回来，出于好奇，他便停下来驻足观看。富翁首先对渔夫的捕鱼技巧与勇气赞赏了一番，然后指着小船上的鱼问："你每天都要这样出海打鱼吗？"

渔夫回答说："是的，除非刮大风、下大雨，其他时间每天都要出海。"

"那你干吗不一次多打点儿呢？这样就不用每天出海了。"富翁紧接着又问道。

"每天出海是我的乐趣，再说这些已经足够一家人生活了。"渔夫不以为然地说道。

出于好奇，富翁又问："那你每天打鱼也不用多长时间，其余时间都做什么呢？"

渔夫一脸幸福地说："享受生活呀，每天早晨我都会睡到自然醒，吃过早餐后出海打鱼，然后回家陪陪孩子，中午再陪家人睡个午觉，下午没事就去找几个朋友打打牌、喝喝酒，晚上陪家人们一起聊聊天、看看电视，日子过得倒也充实！"

听完渔夫的回答，富翁觉得渔夫这么年轻不应该如此虚度光阴，便兴致勃勃地给渔夫做起人生规划："你的人生不应该如此，你应该抓紧时间多打些鱼，这样就可以赚更多的钱。有了钱，你就可以换一艘大船，不仅可以捕鱼，还可以带老婆孩子出海。长此下去，你的钱就会像滚雪球那样越滚越多，然后你还可以自己办海鲜加工厂，从生产到销售一条龙，到最后做出自己独一无二的品牌，直到成功上市。"

听完富翁的建议，渔夫问："你说的这些，大概需要多久才能完成？"

富翁回答："全部完成预计需要25年时间。"

渔夫接着问："完成这些之后，再做什么呢？"

富翁激动地说："到时候你就可以功成身退，把这一切交给孩子们打理，然后就像现在的我一样，成为众人景仰的富翁。"

渔夫又问："再然后呢？"

富翁抑制不住内心的喜悦，接着说："你就退休了，可以世界各地旅游，享受生活，踏遍世界名川，尝遍各地美食。或者干脆到海边的某个小渔村颐养天年，每天睡到自然醒，吃过早餐后出海打鱼，然后回家陪陪孩子，中午再陪家人睡个午觉，下午没事就去找几个朋友打打牌、喝喝酒，晚上陪家人们一起聊个天、看看电视。这样的日子是不是特别舒心惬意，令人向往？"

"是的，挺令人向往的，可我现在已经在享受了，何必要再等到25年之后重复今天的故事呢？"渔夫淡淡地回答。

是呀，现在正在感受的幸福；何必一定要等到25年之后呢？渔夫是个聪明人，他清楚地知道自己的人生追求是什么，更清楚什么样的生活才最适合自己，所以他才能淡定洒脱，日出而做、日落而息地过着悠闲自在的生活。

生活中，不乏和富翁想法一样的人，总是不停地追逐他人的脚步，甚至没有时间停下脚步感受眼前的生活。当我们穷其一生用所有的时间与精力专注于某一件事情时，却在之后的某一刻恍然大悟，人生短短几十年，兜兜转转一圈后，一切似乎又回到了原点。

当初我们拼尽全力所追求的诗和远方，似乎并不遥远，它一直都在我们身边，而我们却因为忙碌的脚步忽略了那些触手可及的美好与幸福。人生是自己的，与他人没有半毛钱关系。一个人只有明白自己内心的真正需求，才不会被他人的言语与思想左右了想法，才能像故事中的渔夫那样，淡定从容地过自己最想过的生活。

否则，盲目地追逐他人的脚步，追寻他人眼中的"幸福"生活，并没有任何意义。这个世界上，很多人活得没有自我，他们不知道自己的人生目标，也不知道自己活着的意义，为这个考虑，为那个考虑，却唯独没有为自己考虑。

所以，他们的人生过得委屈而将就，总是自我安慰"差不多就行了""随便，怎么样都没有关系"，可以放弃自己的喜好成全别人，忍受他人的责难与挑剔，承受婚姻的不幸，违心地迎合那些自己讨厌的人。只要能够人前风光得到众人的注视与羡慕，哪怕人后凄凉也没有关系。

　　可是，这样的生活真的就是我们想要的吗？要知道人生是自己的，生活是自己的，喜怒哀乐也是自己的，别人眼里的幸福，不一定就是我们所追求的，别人能轻而易举地取得成功，不代表我们也能收获成功。

　　更何况，成功并不一定就是他人眼里看到的功成名就，仕途顺畅，幸福也不是让周围的人认为你很幸福。只要过着自己喜欢的生活，哪怕平凡也没有关系，更不用在意他人的目光与看法。

　　正如作家杨绛在她的百岁感言中所说的那样："我们曾经渴望命运的波澜，到最后才发现，人生最曼妙的风景，竟是内心的淡定与从容；我们曾如此期盼外界的认可，到最后才知道，世界是自己的，与他人毫无关系。"

　　是的，毫无关系，人生是自己的，只有勇敢做自己，才是最重要的！

任性而活，活出无可替代的价值

人生在世，每个人想要得到他人的认可与喜欢，想要自己的人生活得与众不同，就一定要体现和发挥自己的价值，这样才能任性地活出自己，活出无可替代的价值。

当然，每个人的价值体现与付出的劳动量大小并没有直接的关系，不是说付出的劳动量越大，价值体现得就越多。一个人价值体现的多少，与其自身的不可替代性，有着莫大的关联。

一个人越是不可替代，就说明他越重要，价值就越大，发挥的作用也就越多。这个世界从来不缺乏独一无二的事物，每种事物都能体现自己的价值。

生活中，人们发怒时常常会说"像捏死一只蚂蚁一样简单"这样吓唬人的话。的确，小小的蚂蚁在强大的人类面前，不值得一提，可是"千里之堤溃于蚁穴"，就算是小小的蚂蚁，也有着自己无可替代的价值。

在成群结队的蚁群中，不管何时何地观察它们，我们都会发现这样一种奇怪的现象，很多蚂蚁在勤勤恳恳地寻找粮食或搬运食物的道路上忙得热火朝天，可总有那么几只毫不起眼儿的蚂蚁，东张西望，抓耳挠腮，看起来它们的行为与那些勤劳的蚂蚁格格不入。

难道这些懒惰的蚂蚁就不怕引起其他蚂蚁的公愤吗？不害怕被驱逐出去吗？带着这一疑问，科学家做了一个实验：在那几只偷懒的蚂蚁身上做了特殊的记号，毁了蚂蚁居住的蚁穴，阻断了蚂蚁运送粮食的路线，之后便在一旁认真地观察蚁群的反应。

过了一会儿，令人惊奇的事情发生了。对于蚁穴发生的一系列变故，之前那些勤勤恳恳搬运粮食的蚂蚁顿时手脚慌乱，一副束手无策的样子。而那些懒惰的蚂蚁便自告奋勇地站出来，迅速带领手足无措的蚂蚁向另一处早已寻觅好的住所前进。

为了继续验证那些懒惰的蚂蚁的能力，科学家又将做了记号的蚂蚁从蚁群中拿走，结果剩下的蚂蚁和之前一样，茫然不知所措，直到懒惰蚂蚁回归，整个蚁群才逐渐恢复之前的状态。

为此，科学家得出这样一个结论，那几只懒惰蚂蚁虽然没有付出体力劳动，但它们付出的智慧并不比勤劳的蚂蚁差多少，在整个蚁群中同样发挥着自己最重要的价值。所以，它们才能不慌不忙、从容应对突如其来的危险。

这就是无可替代的重要性！说到无可替代，每每听到最多的言论就是，"你必须努力才能创造价值"。真的是付出得越多，价值体现得就越大吗？不一定，一个人想要取得成功，努力是必然的，但努力却并不是万能的。如果你一味地努力，却没有发现自己的价值在哪里，试问，你又如何发挥自己的能力，体现自己的价值呢？

有一位技术特别牛的工程师，机器的任何疑难杂症只要到了他手里，就都能迎刃而解，因此他外出维修机器的出场费是同类工程师中最高的，每次一万元。某次，他应邀去一家公司维修机器，到了车间只见他敲敲打打捣鼓了好一阵子，最后在那台机器一个毫不起眼儿的部位用笔画了一个圆圈。

圆圈画好后，工程师对车间工人说："毛病就出在这里。"之后，车间工人便将圆圈部位拆开来看，发现掉了一颗螺丝，待重新装好螺丝后，机器便运转起来了。机器修好后，工程师如约拿到一万元的维修费。

看到工程师轻轻松松画了一条线就能拿到自己工资数倍的报酬，几名不服气的工人就对工程师说："你这工作好轻松，轻轻松松画了一个圈，一万元就收入囊中，这个圆圈可真值钱！"工程师一脸笑意地说道："其实，这个圆圈一点儿也不值钱，它只值一块钱而已，知道把圈画在哪个位置，才是最贵的。"

的确，贵的不是那个圆圈，而是画圈的位置。车间工人不会画圈吗？当然会，但他们不知道该把圆圈画在哪个位置。这是工程师最牛的地方，更是他的无可替代之处。

每个人想要在这个缤纷多彩的世界里，活出自己的特色，体现自己的价值，首先就要让自己成为一个无可替代的人。当然，无可替代并不是指岗位不可替代，而是指一个人的能力不可替代。

江山辈有人才出，所有的岗位都不是一成不变，非你不可。即便我们离开了这个岗位，其他人照样也能胜任，公司照常运转，并不会因为我们的离开就停工瘫痪。哪怕我们的岗位再重要，如果人人都可以做，那也就算不上无可替代了。

反之，若这种工作只有我们一人能做，离开了我们，其他人都做不了，我们便是重要的、无可替代的人，拥有自己独一无二的价值。

比如，外面那些摆摊儿的小商贩，风吹日晒，摆摊儿时间很长，付出的体力劳动也不少，但每天挣的钱与那些开超市的小老板比起来却相差甚远。为此，他们感到困惑："同样是卖商品，为什么自己这么辛苦地付出，收入却不及他们的一半？"

还有在高楼外墙上粉刷墙壁的建筑工人，他们同样也是起早贪黑、风吹日晒，赚着微薄的工资，从事着最危险的职业，但他们每月的收入仅够维持一家人的基本生活而已。为什么？是什么导致了这一现象呢？

其实，最根本的原因来自不可替代。摆摊儿的小商贩和刷墙的建筑工人，虽然辛苦，但他们的工作大部分人可以胜任，所以显示不出自己的无可替代性，收入自然不会很高。

但是，在熙熙攘攘的人群中，又有多少人能够胜任工程师的工作呢？也许100个人里会有那么几个，但毕竟不多。正因为无可替代，维修机械的工程师画个圆圈就能拿到一万元的出场费，建筑工程师拿着图纸在工地上走一圈指点几下，就能拿到比风吹日晒的建筑工人多好几倍的工资。

可能很多人内心感到不平，凭什么呀？我累死累活才拿这么点儿工资，他们轻轻松松地比划两下就能拿那么高的工资，为什么？因为人家有文凭、有技术、有知识、有能力，无可替代，自然就显得特别重要，工资相应地也就越高。

再如，银行行长、飞机驾驶员、医院院长、大学校长等，也许在数千、数万的队伍里精挑细选才能找到为数不多的人来担任，那么这样的人同样具有不可替代性，他们获得的报酬自然也就高一些。

总之，一个人要想任性而活，活出无可替代的价值，就一定要让自己拥有一些别人无法超越的能力与技能。只有能力与技能遥遥领先，让众人无法企及，我们才可以更好地创造自己的价值，活出独一无二的姿态。

再美的风景，也有尘埃

大千世界，芸芸众生，成长环境不同，接受的教育不同，每个人的人生观与价值观也有着明显的差异化。有的人坚持做自己，而有的人却因心生羡慕而模仿别人，并把他人的人生标准套用在自己的人生上。

生活中，当有人对我们的所做所为做出否定，并对我们说："你这样做不对。"于是，我们说："好的，我改。"当改完后，又有另外的人对我们说："你这个地方也错了。"我们接着说："我再改。"结果，改完后，还是有人说："你这里和那里还是不对。"我们无可奈何地说："那我继续改。"

可是，再次改完后，我们却发现还是有人说我们错了，此时我们内心充满疑惑，甚至不明白为什么改来改去还是会有人说错，无法让众人满意。

俗话说"知错能改善莫大焉"，小时候读书时老师便教育我们，知错能改是一种优良的品德，以至于在我们的成长过程中，当有人指出我们的错误时，我们不加审视便盲目去改，却不知别人的审美观与价值观未必适合我们。

改来改去，最终我们发现，即便改成A希望的样子，也依然得不到B的满意，哪怕让B满意了，却又无法让C满意。就这样一路改下来，我们把自己改得面目全非、千疮百孔，沦为他人道德标准下的附庸产品，逐渐丧失自我。

这世上哪有那么多的十全十美？退一万步讲，就算我们变成十全十美的人，到最后也还是无法让所有人都满意。所以，最好的做法就是不迁就任何人，也不用去按别人的标准来衡量自己的人生，不盲目追随他人的脚步，做自己就好。

适合别人的不一定就适合我们，自己的人生还得自己走下去，生活的酸甜苦辣还得自己品尝。如此，我们才能更好地体验生活，享受生活的乐趣。

《伊索寓言》里有这样一个有趣的故事：

农村老鼠和城市老鼠是一对远房亲戚。某天，农村老鼠闲着无聊便请其他动物带信给城市老鼠，邀请它到自己的家里来玩，过几天无拘无束的自由生活。

接到农村老鼠的邀请，城市老鼠特别兴奋，连夜出发动身前往农村。两只老鼠碰面后，农村老鼠为了尽地主之谊，把自己储藏的稻谷和麦子都拿出来招待城市老鼠，吃完后还带它到附近的农户家中溜达了一圈。

谁知，城市老鼠不以为然地说："这算什么呀，你不能让自己的生活过得太寒酸了，农村除了有吃的外，其他的都不好玩，真没劲儿！我看你还是跟我到城市去看看吧，那里的生活过得才叫滋润。"

听城市老鼠把城市生活描绘得这么好，农村老鼠便动心了，欢天喜地地跟着城市老鼠去了城里。到了城市，农村老鼠看到许多以前从未见过的房子和食物，房子漂亮宽敞，食物种类也很多，农村老鼠特别开心。

回想以前，不仅要一年四季到处寻找粮食，有时候还得忍饥挨饿，甚至一不小心还会遭受人类的捕杀。想到这儿，农村老鼠觉得自己以前在农村的日子过得实在是太苦了。

两只老鼠聊了一会儿，便觉得肚子饿了，于是便跑到厨房找吃的。厨房里面有品种繁多的美食，正当它们津津有味地享受这一切时，突然吱呀一声，门开了，紧接着有人走了进来。这突如其来的惊吓，让两只老鼠嗖的一声，上蹿下跳赶紧躲进墙角的老鼠洞里。

这惊魂的一幕让农村老鼠受到惊吓，过了好一会儿才缓过神来，接着对城市老鼠说："我觉得还是农村的生活比较适合我，虽然城市的房子很宽敞，食物很美味，但这样的生活太冒险了，还是农村自由。"说完，农村老鼠便逃也似的离开了城市。

每个人对生活的标准和事物的看法都不同。有的人从平淡中体会到了幸福，有的人从自由中体会到了幸福，有的人则从锦衣玉食中体会到了幸福。我们不必用他人的标准来框定自己的人生，也不必一味地模仿他人。

不管我们人生路上收获的是哪种幸福，体验的是哪种快乐，只要自己喜欢、开心就好。否则，用他人的标准衡量自己的人生，即便我们拥有了全世界，也未必会觉得开心。因为拥有的这一切，并不是自己内心真正需要的。一个人只有遵从内心的想法，做自己想做的事、喜欢的事，才能从中寻找到快乐，并发现生活的乐趣所在。

有一个画家，为了让自己的画能得到所有人的满意，呕心沥血，历时三个月创作了一幅作品。

为了测试人们对这幅画的喜爱程度，他在市场上摆了个摊儿，将自己的作品悬挂起来，在作品旁边放了一只笔、一张纸，并在纸上写了这样一句话："如果认为此画有不足之处，请不吝赐教，标注记号。"

到了晚上，画家收摊儿时发现画上密密麻麻地被人涂满标记，几乎每个地方都有令人不满意之处。看到这儿，画家的内心有些伤感，甚至觉得自己的画画技术还是有所欠缺。

翻来覆去地想了一夜，心有不甘的画家决定重新换一种方法试试。第二天，他又画了一幅与昨天相同内容的画到市场上摆摊，与昨天不同的是，画家的内容改成："请各位将满意的地方标注出来。"出乎意料的是，画上面同样是密密麻麻地涂满标记，只不过这次都是令人满意的。

　　看着两种截然不同的结果，画家的内心百感交集，恍然间似乎明白了一切。原来并不是自己的画画技术有所欠缺，而是千人千面，每个人看待事物的眼光不同，思维方式不同，看法也就不同。并且，所有的看法也不是一成不变的，而是随时随地都有可能发生改变。

　　比如，对北方人来说，下雪是每到冬天就会经历的事，并没有什么稀奇，但到了南方人的眼里，普通的雪花在他们看来却是极美的风景。这就是地域不同造成的视觉感受上的不同。

　　人们常说"东方不亮西方亮"，说的就是这个理。同一事物，如果放在不同的环境中，经历的时间不同，遇到的人不同，感受就会完全不同。

　　再美的风景，也有尘埃。我们不必为了迁就某个人而不停地改变自己，也不要试图倚靠他人过自己的人生。那样的话，我们岂不是这辈子都要不停地改来改去，将自己的生活改得乱七八糟，改到最后，甚至连自己都不认识自己了。

　　这个世界从来不缺喜欢八卦、喜欢谈论是非的人，如果做什么事情都要在乎他人的感受与看法，就会让自己每天都处在矛盾与痛苦之中，并在这种矛盾中做出一些违心的事，到头来，失去快乐，并不能得到自己想要的人生，这样的人生又有何意义呢？

　　走自己的路，让别人去说吧！人生在世，遇到的人那么多，我们无法让所有的人都满意，也无法让所有的人都认可我们，能做的就是活出自我，做真正的自己，做自己人生的最佳导演。

别让他人的行为左右了你的思想

在这个千变万化的社会，每个人都要内心强大，才能有足够的精力应付生活中的诸多事情。一个胆小如鼠、心灵脆弱的人，是没有勇气与能力担负起生活的重担的。

一个人的内心强大与否，与其自身的情绪、情感紧密相连。每个人的情绪、情感都容易受到外界的刺激而发生变化，并相互传染。如果我们缺乏主见，立场不坚定，思想、意识与行为就会对别人的情感侵袭毫无招架之力，被他人的只言片语轻易打败。

这种情况下，我们就变成一个没有自我的人，似乎成了一个可以任人随意摆布的木偶，别人指向哪里，我们就奔向哪里。没有任何自己的思维意识，也没有任何主张，就这么轻而易举地在他人的语言攻势下缴械投降。

可是，毫无思考的人生，只会让我们在思想上越来越懒惰，行为上越来越被动，离独立就会越来越远，永远得不到真正的成长与历练。所以，为了让自己的内心变得强大，变得独立自主，我们需要打破这种方式，才不会让他人的语言和行为进入我们的心里，并产生一定的影响。

只有自己的情绪、情感不受到他人的影响，我们才能拥有独立思考的能力，坚持做自己，不然就会因为他人随意的一句话，而将自己平静的生活折腾得乱七八糟。可折腾来、折腾去，最终却发现，不管我们怎么折腾，似乎都无法让所有人同时满意。不仅如此，还得承受他人异样的眼光。

古时候，父子俩牵着一头毛驴去集市售卖。去往集市的路上，路过的一位妇人看着他们放着毛驴不骑，却一左一右牵着走，便嘲笑他们太傻，说："这毛驴骑一下又不会坏，怕什么呢？真是不知道享受。"父子俩一听，觉得妇人说得很有道理，于是父亲便让儿子骑毛驴，自己牵着毛驴步行。

走了一段路后，父子俩又碰到一个年轻人。年轻人看到儿子骑着毛驴，父亲步行，便一脸严肃地批评骑在毛驴上的儿子："你也太不孝顺了，怎么能自己舒舒服服地骑毛驴，却让父亲步行呢？"儿子一听，觉得此人说得也没错，于是赶紧从驴背上下来，换父亲骑驴，自己牵驴步行。

没走多远，又碰到一个过路的老人。老人看到此情此景，又把父亲责骂了一顿："你这人是怎么当父亲的，只顾自己享受，也不知道心疼下自己的儿子，真不害臊。"坐在驴背上的父亲，听到这话心里犯愁了：怎么办呢？儿子骑有人说，自己骑也有人说，可如何是好？

思考再三，父子俩便决定两人一起骑驴，心想这下应该没人说了吧！可谁知，没走几步，又碰到一群赶牲口的人。他们看着父子俩同骑一头驴，便心疼地为驴打抱不平，说："你们俩也太狠心了吧，虽然毛驴是动物，可它也是一条鲜活的生命。你们看，这驴都快被压扁了！"

父子俩一听，觉得这些人说的话也蛮有道理，于是两人下了驴背，索性一前一后抬着毛驴赶往集市……

看完这个故事，你是不是感觉很可笑，但我更多的是替父子俩感到悲哀，觉得他们太傻。之所以觉得悲哀，是因为他们对每个路人的言语与行为都选择言听计从，路人怎么说他们就怎么做，不做任何思考与判断，以至于最后，两人竟做出人扛驴这样的愚蠢行为。

仔细想想，我们在生活中是不是也经常做这样的傻事？做一件事情或处理某些问题时，即使内心已经有了主意，但为了迎合大众口味，讨好别人，在他人的语言攻势下，我们也会轻易地放弃自己的原则，改变自己的想法与决定，结果却让自己变成别人眼里的笑话，就如故事中的那对父子一样。

别让他人的行为左右了你的思想，那我们应该如何做呢？不妨从以下几个方面入手。

●努力克制自己的情绪

人生不如意之事十之八九，每个人都会遭遇不如意，哪怕生活让我们历经磨难，受尽委屈，也要努力克制自己的情绪。

比如，当我们连着熬了好几个晚上，终于将项目策划书交给经理时，经理不仅没有认真看，反而还对我们的辛苦付出嗤之以鼻，即便我们内心愤怒、不满，也要克制自己的情绪。

克制自己的情绪，才能不受外界因素的影响，否则就会在愤怒的情绪中一步一步被他人的语言和行为所牵引，进而做出一些疯狂的举动来。

●沉着冷静，从容应对

要想阻止他人的语言和行为对我们产生的干扰与影响，我们在与他人交往的过程中就一定要沉着冷静、从容应对。不管他人是批评指责，还是谩骂挑衅，我们都要学会自我考量。比如，对于那些没有意义、错误、无效的批评与指责，我们根本就不用放在心上。

"公说公有理，婆说婆有理"，每个人都认为自己说的才是正确的，可事实是一些人的看法与观点，根本没有事实依据。这种情况下，我们到底该听哪一个呢？

与其像故事中的那对父子被人不停地指责批评，还不如坚持自己的想法与观点，只要自己认为是对的，就勇敢地走下去。

●不要害怕被人责难

对于外界那些看不惯我们的行为举止又指指点点的人，不用过度忧虑，更不用担心没有按照他们的要求做就可能会得罪或失去他们，这些想法都是不切实际的。真心对我们好，并对我们提意见的亲朋好友，是不会因为被拒绝就转身离去的。

所以，我们不必为了讨好对方或害怕被他人责难就违心地迎合别人，做一些心不甘情不愿的事。人活一世，为人处世、社会交往方面，难免会遭遇他人的指手画脚、评头论足，正所谓"谁人背后不说人"，要想不被人议论，似乎是一件不太容易的事。

不过，没有关系，只要我们坚持己见，守住立场，就能有效阻止他人的语言和行为带给我们的影响，一步一个脚印勇往直前地走向光辉灿烂的明天。

做自己，才是最大的成功

当身边有些人在谈论物价飞涨、月入三千连自己都养不活时，我身边却有个同学连这点儿钱都不屑一顾。她直接辞职，从大城市回到老家。

或许是这么多年在外拼搏太累了，或许是对繁华的大都市产生了厌倦，或许是年龄大了、经历多了，忽然间觉得自己应该回家多陪陪父母。丹妮做这个决定的时候特别仓促，但那一刻，她的心里是愉悦的。

丹妮一直在深圳一家上市公司做销售，每天见不同的客户，跑不同的地方，顶着清晨的太阳与雨露出发，却在夜晚一个人拖着疲惫的身躯回家，每天都在忙忙碌碌中度过。这又能代表什么呢？

人生在世，我们不能为了所谓的面子，而让自己的努力看起来既励志又凄凉。一个人的外表再怎么坚强、勇敢，内心深处真正想要的也不过是家里人能围坐在一起，热热闹闹地吃顿饭、说说话。

丹妮说她不想在没有希望、没有未来的日子里横冲直撞了，哪怕一辈子没有大富大贵，买不起房，她也认了。她不想自己在外四处奔波时，家中年迈的父母两鬓斑白渐渐老去，而自己却丝毫没有觉察到。

因此，她回到生她养她的小县城，决定留在家乡找一份稳定的工作，离父母近一些，方便照顾。即便以后嫁为人妇，生儿育女，日子过得平平淡淡，但她的心中备感踏实。

对于丹妮所做的决定，我一点儿也不觉得惊讶，甚至对她给予理解。在外走的每一步，我们都如履薄冰，走得小心翼翼。即便如此，我们仍然躲不过遍体的伤痛，就算一碗一碗地喝了很多励志的心灵鸡汤，却并没有让我们变得百毒不侵，难掩心中的失落与脆弱。

在这种矛盾而复杂的情绪下，我们不断纠结、质疑、否定自己的能力与想法，却忽略了最重要的一点。我们的人生目标并不是一定要多励志、多成功，而是活出自己最光辉灿烂的样子。

大城市繁华如何，小城市萧条又如何？我们不必活在他人的世界、期待里，勇敢地做自己就好。生活五颜六色、多姿多彩，每个人将自己的生活过成什么样子，完全取决于心态。

比如，有的人向往轰轰烈烈，有的人则倾向平平淡淡，但不管是哪种，只要自己喜欢、愿意，哪怕在小城市平平淡淡过一生，也能让生活充满诗情画意，过得别有一番滋味。

丹妮的选择恰好属于后者，她放弃了大城市光鲜亮丽的生活与工作，一心一意回到父母身边，做着普通的工作，拿着普通的薪水，每天下班后回家陪父母说说话，闲暇时带父母外出旅游，小日子平淡无奇，但丹妮却觉得活出了自我，感觉心里特别踏实。

其实，生活中像丹妮这样的人并不少见，每个人的心里都有自己最想做、值得做的事。朋友公司有个工作了5年的同事，经过激烈竞争，终于为自己争取到去国外分公司学习的机会。要知道去国外镀金回来，不仅工资会翻倍，而且还能得到升职的机会。

可是就在一切尘埃落定时，他却主动退出了。因为他老婆怀孕了，他不想失去见证孩子出生与成长的每一时刻，虽然也曾在家庭与事业之间徘徊过、挣扎过，但最终他还是选择了家庭。

就像《泰囧》里徐峥扮演的徐朗，为了将自己的"油霸"发扬光大，一意孤行跑到泰国找公司的大股东拿授权书，甚至不惜为此将家庭和友情抛诸脑后。但当他遇到不远万里到泰国为生病母亲祈福的王宝，经历了一系列稀奇古怪的事情后，他终于幡然醒悟，明白了家庭对自己的重要性，最终还是回归了家庭。

试想下，如果他没有遇到王宝，没有经历那些对他产生影响的事，没有放弃"油霸"这个项目，即使他后来成功将"油霸"发扬光大，那又如何？没有了可以一起分享喜悦的那个人，再大的成功也将失去意义。

我们总是在名利之间互相追逐，将自己弄得身心疲惫，为了所谓的面子，为了活成他人眼里期待的样子，不停奔跑，却不肯停下来歇一歇。可得到了什么呢？我们不妨扪心自问，究竟什么样的生活才是自己真正想要的。

我们总是在意他人的看法与意见，在意生活中的得与失，总怕行差踏错，让自己跌入无尽的深渊。可拼命地在意这、在意那，却唯独没有在意过自己过得开心、快乐与否，是否活出了自己的本色。

鲜花盛开的时候最迷人，小溪清澈的时候最明亮，可这些在我们眼里都不是最重要的。我们关心的是鲜花能给我们带来多大的收益，小溪周边的景色值不值得投资。我们的想法越来越世俗，行动越来越功利，最终在不断的追逐中慢慢迷失自己。

历经世事沧桑，跨过山川河流，我们最终明白了这样一个道理：做自己，不盲从，才是最大的智慧。

曾听过这样一个笑话：大马路上有个人捏着鼻子抬头仰望着天空，路过的人看这个人的举动很好奇，于是也模仿他捏着鼻子抬头看天。

不一会儿，他们的身边就齐刷刷聚集了很多人，大家都做着一样的动作，捏着鼻子抬头看天空。大家都想切身感受下那个人到底在看什么？殊不知，最先仰望天空的那个人，只是为了缓解流鼻血而已。

这样的人，在生活中其实有很多，有时候走在路上，看到聚集了一堆人，不管别人在做什么，大部分人都会凑个热闹，结果却发现并没有什么稀奇的、值得欣赏的事物。

在这个物欲横流、适者生存的社会中，我们总是一味地模仿别人，却忽略了自己，甚至忘了自己的初衷，忘了怎样做自己。盲目地追随他人眼中的好，可什么样的好才是最标准的呢？

要知道一千个人眼中有一千个哈姆雷特，既然我们无法让所有的人都满意，还不如遵从内心，活出自己最该有的样子。做自己，就是不盲从、不跟风，经历成长，勇敢地活出真实的自我。

月入三千不要妄之菲薄，年入百万也不要目空一切，自己的人生从来都不在他人的手里，而在自己的心里。做自己才是最大的成功，才能把日子过得如诗如画。

Chapter 5 / 远离是非：
世界那么大，你管得过来吗

　　人们常说"太平洋的警察——管得宽"，意在形容有些人喜欢多管闲事，在他人的世界里指手画脚。可是，把自己有限的时间与精力拿来替别人伤春悲秋，掺和别人的是非，这样的社交活动有意义吗？别人会感谢你吗？显然不会，世界那么大，你既管不过来也管不好，所以，还是趁早远离是非、远离是非之地吧！

"小心眼儿"，离我远一点儿

人之初，性本善，每个人的本性其实都是善良的，但这并不代表生活中就没有那些心胸狭窄、斤斤计较的人。那些爱计较的人，往往自以为是，眼里掺不得沙子，更看不惯别人的所作所为。

一旦某些事情不小心惹怒他们，他们就会进行强有力的反击，哪怕我们不想与对方一般见识，想息事宁人，可对方却会不依不饶，故意找碴儿来激怒我们。这类人总是喜欢以小人之心度君子之腹，喜欢吹毛求疵，尤其是对那些看不顺眼的人或事，更喜欢主动出击去挑刺儿。

说白了，这种人就是"小心眼儿"，人不犯我，我不犯人，人若犯我，睚眦必报，毫不留情。"小心眼儿"的人，心胸狭隘，小肚鸡肠，目光短浅，性格多疑，尤其是在一些鸡毛蒜皮的小事上，更喜欢鸡蛋里挑骨头。

谁要是惹恼了这样的人，他可不会眼睛一睁一闭就过去了，会放在心里寻找机会伺机报复。不仅如此，"小心眼儿"的人对那些比自己能力强、优秀的人还会心生嫉妒，见不得别人超过自己。否则，他们就会寝食难安，内心焦虑，甚至故意找碴儿打击别人。

如果你身边有这样"小心眼儿"的人，就要留意了，不然我们的思想与生活就会受到他们的影响。所以，我们要擦亮眼睛，远离那些爱找碴儿的"小心眼儿"。否则，一不小心就会引火烧身，爆发冲突与矛盾。

曾蓉和李静不仅是同班同学，私底下更是一对好朋友。曾蓉的老家是农村的，由于家庭条件不太好，更为了减轻家中负担，她利用课余时间做了好几份兼职。最早的一份兼职，是从早上五点到七点半，在一家早餐店做服务员。

每天早早起床，再怎么小心翼翼，也还是会发出一些细微的响动。久而久之，宿舍的人便开始有了抱怨，最先找碴儿的就是她的好友李静。

李静说："你兼职就兼职，干吗要把宿舍的人都吵醒，都不知顾及下大家的感受吗？"每天打工已经很辛苦了，得不到好友的安慰反而还受到指责，曾蓉的火气也上来了，怒气冲冲地说："我哪里没有顾及大家的感受？我每次起来不都是轻手轻脚的吗？我也不愿意每天5点就去端盘子伺候别人啊！我家可没有你那么好的条件，可以衣食无忧、坐享其成。"

李静听了心里不大乐意，接着说："呵呵，你可别这么说，就算你没有去做兼职时，不也是半夜看书到两点吗？哪次不是你影响别人，自己就不能自觉点儿吗？"

说来说去，其实曾蓉和李静都是属于"小心眼儿"的人，只要抓住了对方的缺点，就不依不饶。曾蓉心胸狭隘，被人提及自己的痛处后，便想尽办法还击对方，也不管对方是谁；而李静呢，很明显是没事找事，故意找碴儿，说话时不留余地、不讲情面。

其实，这本来也不算什么大事，双方心平气和地坐下来好好沟通便能解决。李静若在说话时委婉一些，语气柔和一些，曾蓉也不至于反唇相讥；反之，若曾蓉能提前与同学们打好招呼，并在进进出出时发出的声响小一些，就能有效避免这样的争吵，好朋友之间也不至于互相诋毁。

不知大家有没有发现，生活中经常发生类似的情况，哪怕是最亲近的人，也有可能一言不合就发生冲突。毕竟每个人都有心情不好或被其他事情困扰的时候，由于自身情绪不佳就会对身边的朋友恶语相向，将对方的缺点无限放大，甚至把对方当成仇人，放任自己的"小心眼儿"去伤害他们，却总是在事后捶胸顿足，为自己的所作所为而后悔不已。

"小心眼儿"，其实每个人都会有，只是可大可小，因为羡慕或嫉妒对方，或因为太在乎自己内心的感受。我们有时候就会将内心的"小心眼儿"暴露出来，并做出一些不太礼貌的行为来。

当然，对于一些无伤大雅的"小心眼儿"行为，我们一笑置之，大可不必放在心上。但如果是那些喜欢针锋相对，明明是自己错了却百般推诿对别人挖苦指责进行打击报复的人，我们就要离得远远的，以免哪天躺着也中枪，将自己卷进无端的风波中去。

"小心眼儿"，离我远一点儿。除了远离这样的人外，我们在社会交往中也要尽量避免自己的"小心眼儿"行为伤害到别人。具体如何做，不妨尝试以下几种方法。

●海纳百川，有容乃大

人与人之间之所以能够和平相处，都是建立在理解的基础上的。只有互相理解、互相宽容，双方才能化干戈为玉帛，将矛盾大事化小，小事化无。

●低头认错，知过必改

对于他人提出的错误与不足，如果是正确的，低头认错、知过必改没有什么丢人的。相反，知错能改，善莫大焉，恰恰是一个人最好的品德与修养。只有正确认识到自己的不足，我们才能不断进步，更好地走下去。

●虚怀若谷，宽厚待人

哪怕是自己技不如人，也不要自惭形秽，更不要对那些比自己优秀的人心生嫉妒，猜疑、中伤别人。摆正自己的心态，以一颗平常心对待身边的人，我们才不会计较生活的得与失。

　　不知大家是否还记得2013年春晚《想跳就跳》的小品，蔡明扮演的下岗老太太，是一位特别爱挑剔、爱找碴儿的人。由于下岗失业，她的人生一度变得空虚和寂寞，甚至无所适从，不能坦然面对。在巨大的悲观情绪影响下，老太太横挑鼻子竖挑眼，对什么都看不顺眼，因此被身边的人称为"毒舌"。

　　由此可见，"小心眼儿"的人从某种程度上说是极度缺乏安全感、内心感到空虚的人。如果面对这类人，最好的办法就是帮对方缓解压力或进行适当的陪伴，并把事情尽可能地做到让对方满意，才是回击对方最有效的方式。

　　世界那么大，每个人都会因为一些外界的干扰而做出一些"小心眼儿"的行为来。如果不想被这样的行为困扰或者用这样的行为伤害他人，我们在冲动之前，在挑剔别人的时候，不妨反思下自己的行为：这样做，值得吗？

　　如果不值得就不要做，千万不要因为一些陈芝麻烂谷子的事伤害身边的人，失了自己的身份与风度。要知道，这个世界不是以你为中心，不要以为别人都该让着你，一个人只有学会正确认识自己，放低心态，才会过得潇洒与自由。

"热心"是趁人之危的前奏

俗话说"三个臭皮匠顶个诸葛亮"，即使一个人的本领再强，能力再突出，也不可能事事都能自己解决，总有需要他人帮助的时候。哪怕对方的能力不怎么样，至少也能替自己解决一些燃眉之急。

但帮助也分主动与被动，尤其是对那些太过热心的人，我们要擦亮眼睛好好看清楚。雪中送炭固然好，但如果是那些阳奉阴违之人的热心帮助，那就要小心了，不然就有可能一不小心替他人做了嫁衣。

不是有句话叫"无事献殷勤，非奸即盗"吗？对于那些没事儿却对你嘘寒问暖、关怀备至的人，一定要仔细观察他人的"热心"，是不是用来麻痹自己的烟雾弹，更要警惕"热心"的背后是不是包藏祸心。

毕竟小心驶得万年船。如果对方确实是真心实意地来帮助我们，那便可以接受。但如果是笑里藏刀，借热心的假象做一些不可告人的事，我们可就成了冤大头，甚至还有可能错失良机。

小李自大学毕业后就进入公司，兢兢业业、勤勤恳恳地工作了五年，不管是工作还是其他方面，他都能游刃有余、轻松应对。为此，领导十分赏识他。

但是最近公司的销售情况持续下滑，公司高层便召集几个销售负责人开了一个简短会议，讨论销售下滑的应对之策，并对公司的人员做了一些调动安排，这包括参加此次会议的小李的上司。

会议结束后，小李的上司单独找小李谈了话，他说："近期公司销售情况整体不太理想，领导打算对我们部门的人员做一些调整。开会时听隔壁老王那口气，对你好像不太满意，说你老是抢风头，他还酸溜溜地说你是我们部门的'定海神针'。你也知道，高层领导比较信任老王，我担心他们为了提高业绩会把你调过去当苦力，老王这个人可不是什么善茬儿。"

见上司推心置腹地和自己说了这么多，小李顿时被上司的这份"信任"感动得热泪盈眶，并保证自己一定会唯领导马首是瞻。如果老王真的要调他过去，他也一定会拒绝的。

果不其然，在之后的周一例会上，老王就在会上提起要将小李调到销售部门的事。当征询小李的意见时，小李却说了这样一番话："非常感谢领导对我的信任并给予我这个机会，但我深知自己的能力有限，目前恐怕还难以胜任这份工作。而且，我那边的工作也有一些很棘手的事情需要处理，一时半会儿也很难找到合适的人手接替。"

老王和公司其他领导听到小李不愿调离原岗位，还把自己说得这么谦虚，也就不好再说什么，此事暂告一段落。

不久之后，小李却从老王部门那边听到一个令人震惊的消息：原来，当初老王早就向公司高层领导申请要把小李调到销售部门做部门主管一职。小李的上司知道后，担心小李调走后会对自己部门的业绩产生影响，所以才故做"好心"地对小李说了那番虚情假意的话。

什么叫防不胜防？防不胜防就是指小李领导这样的人，打着热心的幌子，却在暗地里做一些见不得人的勾当。如果我们不能小心分辨，就有可能被人在背后捅刀子。就如故事中的小李一样，没有及时认清上司的真面目，悔之晚矣。

生而为人，在这个复杂的社会中，除了自己的父母，恐怕没有几个人能够不带任何目的性地对你好，对你实施免费的帮助。虽然我们都知道要小心防范陌生人的过度热心，殊不知，熟人也可能在背后捅刀子。在利益面前，每个人都可能放弃自己的原则与底线，将自己的利益摆在首位。

我们必须时刻谨记"无事献殷勤，非奸即盗"这句话。即便对方与我们很熟，热心而主动地给予免费帮助，我们也要在心里仔细揣量这份"热心"的出发点以及真心程度，以免被人玩弄于股掌之间而傻傻地分不清。

难道我们就要这样任人宰割吗？当然不是，既然对方可以阳奉阴违，我们为什么不能以其人之道还治其人之身呢？我们也可以做表面功夫，与这样的人虚与委蛇，给对方制造一种麻痹大意的感觉，并在暗地里收集一些相关信息，待时机成熟，便将对方的丑恶行径公布于众。

我们一定要时刻牢记公私分明的道理，对于那些过度热心的人拉着你说家常、聊八卦、谈是非的行为，要明白什么该说什么不该说。尤其是对涉及隐私的话题，一定要深恶杜绝，三缄其口。只有对他人有所保留，我们才能避免他人的乘人之危，让自己的劳动成果变成他人成功的跳台。

清妮大学毕业后进了一家在当地颇有名气的公司。身为职场新人的她，虽然缺乏经验，但为了获得提升与进步，将自己的全部热情都投入了工作。由于年轻热情、有活力，富有创新思维，她时常能够想出一些推陈出新的创意，做出一些极具创意的策划案。

因此，清妮经常受到经理的表扬，同事们对她也赞不绝口。冰冰是清妮进公司后交往的朋友中最贴心的那个，她总是能在清妮最需要的时候给予安慰与照顾。

比如下午茶的咖啡与点心，加班时的爱心便当，生病时的一盒药，甚至当清妮忙得不可开交时，冰冰还主动帮忙处理一些力所能及的小事。

正是因为冰冰这一系列贴心的举动，使得清妮的内心非常感动，把冰冰当作最知心的朋友。有段时间，清妮为了赶一个项目的策划案，连着加班了好几个晚上才赶了出来。可谁知，当她把辛苦做好的策划案交给经理时，却发生了戏剧性的一幕.

　　经理指着办公桌上另一份策划案对她说："我一直都很欣赏你的创意和对工作的热情，但你也太急功近利了。即便短期内没有什么好的创意方案，你也不应该剽窃他人的创意。"不明所以的清妮，拿起桌上的文件一看，发现冰冰的策划内容竟然和自己的大同小异。

　　面对经理的质疑，清妮百口莫辩，她知道不管自己如何解释，经理都不会相信，因为自己没有任何证据来证明是冰冰抄袭了自己的创意。想到这儿，清妮便感到阵阵委屈。不久后，清妮又接手了一个重要项目，担心重蹈覆辙，这次便做了两手准备。

　　表面上，清妮对冰冰的帮助表示感激，并允许她经手A策划案的一些重要数据与材料，但实际上，清妮已经将私底下做好的B策划案提前交给了经理，并请求经理配合，帮自己捉拿剽窃之人。

　　没过多久，冰冰便给经理交了一份和清妮的A策划案特别相似的策划案。直到此时，经理才恍然大悟，明白了整个事情的始末，直接开除了冰冰。

　　每个人都善于伪装，只不过等级不同而已。有些人为了达到目的，不择手段，将自己伪装成一个助人为乐的大好人，使对方在其"糖衣炮弹"的攻势下疏于防范，最终一步一步落入他们的圈套。

　　"热心"是趁人之危的前奏。诚然，以诚待人、不求回报的人大有人在。但身处这个复杂的社会，我们还是要小心谨慎，提防那些口蜜腹剑、别有用心之人，不要被他们热心的假象所迷惑，更不要因此而掉以轻心，以免遭遇他人的乘人之危。

话不投机，与其力争，不如沉默

前几年，我追过一部电视连续剧，叫《外科风云》。在这部电视剧里，女主角陆晨曦让我印象尤为深刻。

陆晨曦是一名医术精湛的胸外科医师，在医学上颇有造诣。论医术，她是全科室手术做得最好的；论医德，无论何时何地，她总是把病人的利益放在第一位。可就是这样一位优秀的外科大夫，却是科室主任最想排挤走的人，也是接到病人家属投诉最多的人。为什么？因为她太不会说话。

比如，有同事劝陆晨曦多写些论文，获取评副高职称的资格，否则没办法提升职级。但陆晨曦自己不屑于职级就算了，还对着大家大谈特谈，称别人是手术做不好，只会在论文里注水；本着为病人着想的初衷，陆晨曦总是力荐患者家属使用自己认为治疗效果最好的医疗器械，并且拒绝向患者家属提供医疗器械使用的选择权，结果被家属质疑医院只顾着谋利，而不顾患者安危。

陆晨曦所说的话本没有什么错，但就错在太执着于自己的想法，说得越多，就越会与人对立。执着于自己的想法原本也没错，如果认不清楚谈话对象，不清楚他们想听什么样的话，现在的忧虑在哪里，什么样的话能解决他们面临的问题等，即便只说一两句，对方都会觉得啰唆。

对此，我得出一个道理：当感觉不对的时候，一定要学会少说话。因为在交流中，话一多，就容易失言，更难取得别人的信任。有时候，或许你想活跃气氛，但别人却容易认为你轻佻，所以在这种情况下，冷场就冷场，并不是你的责任，话不投机，就要少说。有些话即使再想说，也要找知己诉说。

熟知我的人都知道，我是一个爱表达的人，有些话只有你清楚地表达出来，别人才能清楚地明白。但在个别人眼里，我又"惜字如金"。比如，我身边有一个朋友总是鼓吹"大男子主义"，认为男尊女卑天经地义，认为女人该尽到的本分就是生儿育女，相夫教子。

每当听到这些言论时，我都会笑而不语。

"难道你也认同这种观点吗？"有人问我。

"当然不"，我直言，"这简直是可笑至极的话。"

"那你为什么不和他理论呢？"这人继续追问，"你口才好，肯定能赢他。"

"我赢他做什么？"我耐心地解释道，"实不相瞒，我和他话不投机，如果我进一步和他理论下去，他只会拿更多的话反驳我，我们只会越辩越深，如此不如沉默。"

是的，话不投机，与其力争，不如沉默。

在很多人的眼里，我是那种口才很好的人，但仍然做不到人人满意。对于那些不满意我的人，我从不会试图争辩什么。在我看来，10个人中有3个说你好，有3个说你不好，有4个不说你好也不说你不好，这样你就算人缘很不错了。这不是危言耸听，而是切切实实得出的结论。

或许你时常感到困惑："我已经做得够好了，为什么还有人有意见？""我只是一次失败，就被人说无能之辈，凭什么呀！"……其实，别人对我们有意见，是很正常的事。正如苏轼在《题西林壁》中写道："横看成岭侧成峰，远近高低各不同。"也就是说，从不同的角度看一座山，山就会出现不同的姿态。实际上，世间万物都是如此，展现在不同人的眼中，经过不同的思维加工判断后，就会得到不同的评价。我们不能期待所有的人都说自己好，也必须接受不同的看法和想法。

　　回想一下，当你的老板拍板决定某件事之后，全公司的人表面上鼓掌欢迎，但私底下是不是仍有人表达不满？说到底，一个人做任何事，都难以得到所有人的赞同和认可。所以，面对和自己不同的看法、想法，我们只静静地听着就好了，没必要强迫自己做到完美，更没必要和别人争个高低上下。

　　人生何必强争，有些话，懂你的人，自然会懂。

你不是谁的谁，不必扛起他的悲与痛

每个人的一生都会经历各种各样的痛苦与磨难。面对这一切，有的人把苦难当作上天对自己的考验，勇敢面对，一笑而过；有的人却唉声叹气，萎靡不振，沉浸在自己的痛苦中无法自拔。作为朋友，我们除了安慰也别无他法，如何走出阴霾，最终还得靠自己。

曾听朋友讲起过他的邻居，一个高大帅气的男孩，独自居住在一间宽敞明亮的房间里。与之形成鲜明对比的却是，他那比天空还阴沉的脸，几乎看不到一丝笑容。

最初朋友与他并不相识，连点头之交都算不上。后来不知什么原因，两人便开始熟悉起来，偶尔对方也会去朋友家串个门，渐渐熟悉了之后，才知道他叫李丰。

李丰经常对朋友说的一句话就是："哥，每次有什么烦心事，我都会想到你，和你聊过之后，我就会豁然开朗，心情就会不自觉地好很多。"朋友心想，邻里之间互相拉拉家常算不上什么，便对李丰的每次倾诉都洗耳恭听。

李丰跟朋友倾诉最多的就是他的人生，从父母的无情抛弃到在二伯家的寄人篱下。他说他小时候因为父母感情不和离婚而变成没人疼没人爱的孩子，后来又被过继给膝下无子的二伯，最开始也确实过了几年无忧无虑的快乐生活。

可是好景不长，久未怀孕的二婶突然间寻到一味良方，怀上了孩子。当堂弟出生后，二伯二婶便整天围着自己的亲生儿子转悠，因此冷落了李丰，李丰的心理开始发生变化。

后来，当他高中毕业想要报考大学时，二伯二婶便劝他早早出去打工，帮家里减轻负担。李丰觉得自己的人生本不该如此，论学习，自己一直是年级前十名；论长相，自己长得也不差，可是为什么一生过得如此坎坷，总是没有人真正地疼爱他呢？

朋友说他第一次了解到李丰的遭遇时，便说了很多安慰、开解他的话，例如，"不经历风雨，怎么见彩虹""越早吃苦，越容易享受到喜悦与甜蜜""放下怨恨，放下心中的烦恼，你才能走向更美好的明天"。

可是安慰的话说了，劝解的话也说了，李丰却一直没有彻底摆脱这件事对他的影响。他一次又一次地找朋友倾诉，不停地抱怨他的人生是如何的不幸。

此类话听多了，朋友也开始感到厌烦，并说："这些事情已经过去了，你又何必一再纠结呢？更何况你是一个可以自力更生的年轻人了，不应该永远沉迷过去，而应该开始一段全新的生活！"

我相信朋友并不是一个缺乏耐心的人，也不是一个不愿为朋友解疑答惑的人。但我们只是普通人，不是心理学家，面对他人的烦恼与痛苦，给不了最合理的建议，所以适时退出便是最好的方式。

当然，退出也不是充耳不闻，而是让身边爱抱怨的人能够做出正确的选择，早点儿从迷茫中走出来，以全新的姿态开始一段新的旅程。

我有个远房亲戚的女儿叫英子，参加工作没几年就结了婚。她老公经济条件不错，又挺会挣钱，婚后的英子便一心一意过起相夫教子的生活。闲暇时，带着一对活泼可爱的儿女，开着一辆特拉风的跑车，到处享受生活。

她的朋友圈里，每天都充斥着各种数不清的幸福场景。作为她朋友圈里的一员，我偶尔也会在那些笑得像花儿般灿烂的照片下为她的幸福默默地点个赞，希望这幸福的笑容能够永远地留下来。

可是好景不长，婚后没几年，英子的老公在工作中遇到了志同道合、更有魅力的女生，要和英子离婚。他甚至都懒得为自己的出轨行为做出解释，便匆匆忙忙离开两人曾经一起筑起的爱巢。

曾经风光无限的英子，一下子就像折翼的天使，整日愁眉不展，以泪洗面，并在朋友圈里吐槽发一些灰色言论。我便时不时地在下方评论处安慰她几句，并鼓励她要早日走出来。时间久了，大家彼此熟悉了以后，英子便开始给我打电话，说一些有的没的，但更多的是吐槽她和前夫的那些事。

闲来无事的她，每次一打电话就不分时间地点地聊个没完没了。想着她受了那么大的打击，现在正是需要安慰的时候，我也不好明着拒绝。再加上是远房亲戚，年龄相差不了几岁，自认为作为朋友一定要在背后给她强有力的支撑，做她坚强的后盾。

人们常说长痛不如短痛，挥别错的才能遇到对的。显然，英子没有意识到这一点，在她的不停抱怨下，身边那些与她比较亲近的人逐渐失去耐心，慢慢地疏远她。虽然我对她反复念叨的那些事也有些反感，但内心固执地认为，自己一定能想办法帮她走出这段低迷的时期，让她恢复往日的神采。

对于英子的未来该何去何从，我觉得女性应该学会独立，即使不依附任何人，也能任性地活出自己。时间会带走一切，给你重新开始的机会。

可是英子对我的话不以为然。她傻傻地认为，老公净身出户将所有的东西和孩子都留给了她，就是还爱着她，只是图一时新鲜，终有一天还会回来。

当两个固执的人对各自的观点僵持不下时，我们便经常在电话的两头大声吵闹，而英子还会时不时地对我大声嚷嚷："你根本就不懂我需要的是什么，我的快乐与痛苦只有我自己能懂，你是谁呀？别太高估自己了！"

是呀，我是谁，只是一个旁观者，即便我们是朋友，可是她的喜怒哀乐终究还是她的喜怒哀乐，不是我的。作为朋友，我真的能带她走出这段阴霾时光吗？真的能帮助英子分担所有的痛苦吗？显然不能，因为我没有经历，所以根本不能感同身受，体会到她内心的想法。

你不是谁的谁，不必扛起他的悲与痛。我们应明白这样一个道理，即使每天给予安慰，但能否从伤痛中走出来，还得靠他们自己。除了他们自己，任何人都帮不了他们。

清官都断不了的家务事，你就别掺和了

俗话说："清官难断家务事。"自古以来，人们都知道家家有本难念的经，说不清道不明，更无法分辨对与错，因为"公说公有理，婆说婆有理"。

所以，对于他人的家长里短，作为旁观者，我们还是不要瞎掺和为好，毕竟床头吵架床尾和，人家夫妻俩再怎么吵、怎么闹，也是人家的家事。清官都断不了，我们又何德何能去帮人家化解矛盾与冲突呢？一个不小心还会引火烧身，将自己置于尴尬的境地。

朋友的公司有个同事叫雪儿，她来公司工作已经一年有余。和之前相比，最近这几个月，雪儿有了明显的变化。刚来时她不太爱说话，也很少和同事聊八卦、隐私，可现在的她和同事熟悉之后，就变成一个整天喋喋不休的人。

除了聊一些日常热门八卦外，雪儿最喜欢的还是与同事们谈论她那个没出息的老公。通过她的叙述，大家都知道她的老公是一个大公司的小职员，累死累活不说，工资也没见拿回家多少。

雪儿常常在同事面前发牢骚，说："我怎么那么命苦，找了个一无是处的老公，钱没赚到不说，连陪我逛个街也没时间，整天都是埋头加班，可又有什么用呢？"

雪儿的话，让同事们无力吐槽。作为同事，大家只好在一旁陪着她，听她的抱怨，偶尔也会有同事随声附和几句："其实，结了婚的男人都一个德行，差不多，我家那位也是整天不务正业，叫苦连天。"说着说着，一群女人便抱团取暖，互相安慰。

没过多久，雪儿的老公在事业上开始崭露头角，并得到上司的提拔与重用，事业开始稳步上升。交给雪儿的工资数目开始多了，随之而来的应酬也源源不断。雪儿对老公的吐槽便从赚钱的多少跨越到生活习惯上，说她老公每天早出晚归，忙得连和她说句话的时间都没有，好不容易早点儿回来，还喝得醉醺醺的，自己还得像个保姆似的伺候他。

说到这里的时候，人群中又有人开始接上话茬儿，有的说喝酒对身体不好，有的说男人有了事业就容易拈花惹草找小三，还有的提醒雪儿要多留意老公的异常行为。

说者无心，听者有意。闲来无事的雪儿在网上找了一些乱七八糟的关于男人出轨的N种表现，便怀疑老公有了出轨的先兆。声讨男人的话题，特别容易引起女性的共鸣。大家聚在一起聊得特别起劲儿，甚至连娱乐圈出轨的明星都挨个抨击了一遍。

她们说得热火朝天，可是办公室的男同事们不乐意了。尤其是当雪儿她们说"男人没有一个好东西"时，大男子主义的小伟满脸不高兴地说："拜托各位姐姐们，说话注意点儿影响，别以偏概全。"接着，小伟又嘻嘻哈哈地说："如果姐夫真出轨了，我一定帮你好好修理他，看他还敢不敢做陈世美。"

"啪"的一声，大家正说得起劲儿，雪儿突然猛地拍一下桌子，把所有人都给愣住了。雪儿板着脸说："我老公可没有出轨，再说我们一群女人八卦，关你屁事，你一边凉快去！"

此话一出，小伟顿时尴尬不已，气氛也一下子变得紧张起来，旁边的其他同事也不敢随意搭话了。再后来，当雪儿聊起家里那点儿事时，同事们便不再随便接话茬儿了，而雪儿看到大家不再理她，也就不再说了。

爱情是美好的，但同时它也离不开柴米油盐，一旦生活在一起，摩擦肯定是会有的，牢骚与抱怨也是存在的。但这并不代表对方的生活就过不下去，或许人家只是发泄一下内心的不满，吐槽一下自己在家庭中遭遇的不公平而已、，并不是真的就到了要离婚要分手的地步。

两个来自不同环境、不同背景的人，因为对爱情的憧憬与期待，在茫茫人海中和对方一起牵手走进婚姻的殿堂。有的家庭中，夫妻俩恩爱和睦时就像穿一条裤子的连体婴，一旦吵起架来又会大打出手。对于别人的爱情与婚姻，我们看不清，也道不明。

作为旁观者，如果我们不清楚事情始末，不了解事情真相，就在一旁随声附和，甚至大放厥词为发牢骚的人强出头，无疑会遭遇小伟那样的窘境，被人看笑话。

幸与不幸只有当事人才能体会，外人眼里看到的未必就是事实，正如幸福的家庭所营造的幸福感是相同的，但不幸的家庭却各有各的烦恼与忧愁。每个爱情故事都会经历跌宕起伏的平淡与高潮，也会面临各种外界的压力与诱惑，最终趋于平淡，回归到普通的柴米油盐中来。

不管如何，我们都不应该随意掺和他人的家事，哪怕好朋友之间，也不要因为关系的特殊而得意忘形地对他人的事情指手画脚、评头论足。

"清官难断家务事"，别人的家务事，需要我们一个外人掺和吗？当然不需要。如果我们自以为是，非要掺和进别人的家庭琐事，就有可能"羊肉没吃到，反惹一身骚"，与对方引发一些矛盾与冲突，说不定到最后连朋友都没得做。

剪不断理还乱，面对别人的家事，我们听听就好，如果对方非要我们说出个一二三来，我们适时地给予安慰与鼓励就好，千万不要被他人的家庭琐事给绊住了脚步。

毕竟我们不是古代的包青天、狄仁杰，也不是身经百战、断案如神的现代法官。清官都断不了的家务事，你就别瞎掺和了，还是早点儿远离这些是非吧！

无事莫生非

提起老虎，恐怕连三岁孩童都知道老虎是一种非常凶猛的动物。既然凶猛，那敢在老虎嘴上拔毛的人，岂不是不要命了？可是，生活中还真的有人不信这个邪，偏要以身犯险，触怒凶猛的老虎，以至于老虎毛没摸到，还差点儿葬身虎口。

当然，这里所说的老虎并非动物园里的真老虎，而是指一家电器公司的W总。此人由于脾气大、嗓门大，像老虎一样总是容易发怒，惹得公司员工都像见了真老虎一样，不敢随意靠近他。

W总是我朋友公司的领导，不管何时何地，他在公司总是摆出一副冷若冰霜的样子，哪怕公司员工满脸笑容地找他，向他报告好消息，他也是一脸严肃。

偶尔遇到下属工作中的纰漏，W总也会在办公室里大发雷霆，那震耳欲聋的声音，听起来就像要把人生吞活剥了似的。为此，公司上上下下的人都很怕他。除了工作时必要的接触外，大家都是有多远就离多远，生怕一个不小心就惹恼了他的暴脾气。

可是当大家都唯恐避之不及时，总有那么几个不知天高地厚的人"明知山有虎，偏向虎山行"，在背地里散播关于W总的一些流言蜚语。

今天说W总作风有问题，老喜欢盯着公司新来的前台小妹色眯眯地看，有人甚至还看见他们俩下班约过会；明天又说，W总今天的成功完全是靠女人上位，如果不是他老婆的关系，他可能到如今还是个小职员。

关于W总的花边新闻，似乎每天都有不同的版本上演。甚至有好几次，那几个造谣生事的人拉着W总的秘书，非要人家给他们泄露一些W总不为人知的秘密。

　　秘书跟了W总那么多年，对他的一些情况自然很了解，但同时也深知隐私对于一个人的重要性。所以，对于那些无聊之人的要求，秘书便直接回绝了他们。

　　之后，不管那几个人如何求她、纠缠她，秘书都不为所动，偶尔被问烦了就说："领导的隐私也是你们能随便问的吗？如果不想明天去找工作，今天就应该好好工作，否则饭碗都丢了，看你们如何还有闲情逸致去谈论是非。"

　　某天，朋友一大早去公司上班，刚进公司便感觉气氛不太对劲，只听到办公室里有人断断续续地说"小三、捉奸"之类的词。虽然听得不太清楚，但朋友也大概了解了一些。短短不到一天的时间，办公室就已经传出多个版本，有人还把相关内容整理后放到了网上。

　　结果，一传十，十传百，一下子就变成点击率高的热点新闻。虽然内容上没有指名道姓，但公司的人都心知肚明，一猜就知道涉事男主角是W总。当网上的热潮越来越浓时，W总的夫人就气势汹汹地来办公室找W总"兴师问罪"来了。

　　俗话说"不是一家人，不进一家门"，这话还真没错。W总夫人的脾气也异常火爆，一进门就大吵大闹，抓着W总的衣领说："那个小三究竟是谁，你今天必须给我说清楚。"都快被逼上梁山了，可W总却一点儿也不慌乱，反而气定神闲地说："你放心，我现在就打电话报警，一定要把这个在背后无事生非的人给揪出来不可！"

　　对于现在的刑侦技术手段来说，想要查出背后发布虚假新闻的人，简直是小菜一碟。很快，警察便通过上网ID查到小李。当知道是小李时，同事们都大吃一惊，要知道小李来公司还不到三个月，连试用期都没有过。

　　好在没有造成特别恶劣的影响，W总和夫人便决定不追究小李的法律责任。不过，小李的工作却保不住了，W总不想让这样的害群之马继续留在公司兴风作浪，给公司带来不利影响，便果断叫停了他的试用期。最后，小李只得灰溜溜地离开公司。

瞧，这就是谈论是非、传播是非所付出的代价。诚然，人多的地方就一定会有是非的存在，但我们不主动谈论是非、走近是非，是非会主动来寻找我们吗？当然不会。

在是非的旋涡里，我们本可以置身事外，独善其身，可是却管不住自己的好奇心，主动凑热闹，以至于最后被身边的一些是是非非折磨得身心疲惫，一事无成。

每个人来到这个世上，伴随年龄的增长会逐渐地融入不同的交际圈，这些圈里有熟悉的人，也有陌生人，有亲近的朋友，也有朝夕相处的同事。人多伴随而来的是非自然也多，我们要如何做才能让自己远离是非，置身在是非之外呢？以下方法值得借鉴。

●多听少说，避免无谓的争论

不可否认，每个人的身边都会存在是非，如果一不小心身陷是非，就会给自己带来不必要的麻烦。

所以，当身边的人在谈论是非时，我们要做的就是多听少说，哪怕对方说得不着边际，也没有必要为了鸡生蛋还是蛋生鸡这个话题而与那些谈论是非的人唇枪舌战。这根本没有必要，是非争论来、争论去，只会产生更大的是非。

路遥知马力，日久见人心。只有多听少说，才能避免无谓的争论，哪怕身边有流言蜚语，我们也能身正不怕影子歪。

●努力克制自己的情绪

是非很多时候是由一个人的情绪演变而来的。对于那些看不惯的人或事，我们要学会忍让，忍一时风平浪静，只有忍让并努力克制自己的情绪，才能避免激化矛盾与冲突，避免滋生是非。

●关键时刻懂得避让

有些时候，即使我们不谈论是非、制造是非，也难以避免身边那些唯恐天下不乱之人故意制造是非。此时，我们不妨三十六计走为上计，在关键时刻懂得避让是非，让自己远离是非之地，以免一不小心被他人拉进是非的旋涡而不自知。

●知道什么该讲、什么不该讲

是非是什么？它是他人捕风捉影、添油加醋后所说的一些不符合事实的言论。为了不让自己成为他人茶余饭后谈论是非的对象，我们在与人交往时一定要注意区分，知道什么该讲、什么不该讲。

千万不要因得意忘形而乱说话，这样就很有可能被别有用心之人利用，从而让自己身陷是非之中。

无事莫生非，只有远离是非，才能让自己耳根清静，两耳不闻窗外事，一心只读圣贤书。否则，你若主动亲近是非，是非也会追着你跑，让你躲避不及，就如下面故事中的小和尚一样。

有个小和尚，每月都会到山脚下的镇子帮寺庙采买蔬菜。趁此机会，小和尚每次都会到集市上凑个热闹，看看表演，这倒也给小和尚平淡的日子增添了一丝趣味。可是，小和尚每次看完热闹回去，总会把自己弄得遍体鳞伤，不是额头流血就是腿上受伤。

主持方丈问其缘由，才明白原来小和尚每次去镇子上看热闹时，都会时不时地去参与，这里摸一摸，那里玩一玩，哪怕是比武招亲、摆摊儿耍杂技的地方，他也觉得好玩，要上去秀一下自己的武功才罢休。这不是明显砸了人家的场子吗？人家自然不会善罢甘休，便出现了你追我赶的画面。

小和尚说："幸亏我跑得快，否则就有可能被人揍得更惨。"方丈听完，一脸平静地说："这不是你自找的吗？其实，这一切本就和你无关，你可以离这些是非远远的。"

人有时候就是这样，既讨厌是非，却常常不由自主地亲近是非，沾染是非，以至于到最后让自己在是非中踌躇不前、左右为难。

是非并不是凭空而降的，脚长在我们身上，如果我们不往是非之地跑，是非又怎能和我们沾上边呢？所以，为了避免受到是非的困扰，我们要做的就是，让自己远离是非，远离是非之地。

不做绿叶做红花，不做配角做主角

人生如戏，戏如人生，每个人都是自己人生这部戏的主角，戏里戏外各有各的精彩。但别人的故事再精彩，我们只是一个听众，千万不要听着听着就入戏太深，而成了他人故事里的配角。

某天闲暇时和朋友聊天，聊到一个特别有趣的话题：如果非要在人体五官中选择一个要去掉的部位时，你会选择什么？

朋友不假思索地说："知道吗，我特别想去掉你的嘴巴，你每天吃那么多，可一点儿都不长肉，真让人羡慕嫉妒恨！"说完，朋友笑着问我，"你想去掉我的哪个部位呢？""我最想去掉的是你的耳朵"，我边笑边回答。

之所以这么回答，并不是随口一说，而是经过深思熟虑才做出的选择。这个朋友特别热心，在工作或生活中，听别人分享什么稀奇古怪的事，她都会用心聆听，然后装着满满一耳朵的故事带回家，然后再分享给身边的人。

其实，每个人的身后都有故事，偶尔听别人讲述故事，也未尝不可。在别人的故事里，我们可以聆听和分享，也可以适当地发表下观点。可是入戏就不必了，以免走到别人的故事里演起配角。

朋友在公司里有个特别合拍的同事清清。清清善良勤劳，但是感情之路却特别坎坷。从老家到广州打工的清清遇到了她的前夫，两人相爱后就结婚了。婚后，清清生了儿子后，就在家相夫教子，一心一意当起全职家庭主妇。

可是，一味的付出并没有得到任何回报。婆婆总是嫌弃清清没有文化，是个外地人，并在自己的儿子面前不停地说清清的坏话。刚开始，老公还会维护她，可时间久了，再加上因孩子的教育问题产生了摩擦，老公也开始对清清诸多挑剔，不是摆脸色就是整晚在外应酬不回家，更过分的是，婆婆竟然还让儿子和儿媳离婚。

听到清清的哭诉，朋友内心十分愤怒："想当初，清清远离家乡，只身一人嫁到广州，全心全意为了夫家，可谁知竟然遇到这样一家人，真是遇人不淑！幸好我有先见之明，没有把自己嫁得那么远。"说起清清的遭遇，朋友一脸神色黯然，仿佛暴雨将至的天空般阴沉沉的。

说完清清的遭遇，朋友又开始抱怨："大家都是女人，何必苦苦相逼呢？就算她拆散儿子媳妇，找了一个高学历的本地人又如何？别人能像清清那样任劳任怨、里里外外操持家务吗？再说了，孙子都有了，还闹这样一出，真是吃饱了闲着没事干。"

听朋友说着对清清的同情，我感觉这一幕有点儿类似古代的宫廷剧，不同的是，听众入戏太深，充当了别人故事里的配角。那段时间，朋友整天沉浸在清清的故事情节中无法自拔，在我面前一个劲儿地替清清打抱不平，控诉着清清婆婆的"不近人情"，哀怨清清感情之路的"坎坷不平"。

可是，那是别人的故事，也是别人的生活，我们再怎么愤世嫉俗，也改变不了别人的生活，更没有必要融入别人导演的剧情，变成他人故事中的配角。没过多久，清清离婚了，孩子判给婆家，老公给了她一笔可观的赡养费。

对婚姻来说，两个没有感情的人早点儿分开，对谁来说都是一种解脱。可是，朋友不这样想，她杞人忧天地担心清清会因此而自暴自弃，失去生活的信心与勇气。显然，朋友多虑了，离婚后没多久，清清再次坠入爱河。

一次偶然的机会，清清结识了老乡阿福。阿福正处在自主创业阶段，人长得英俊潇洒、高大帅气不说，重要的是对清清呵护备至，事事都以清清为先。两人交往不到三个月，阿福便把自己的所有家当都交给了清清，虽然只是两张银行卡和租房的钥匙，但清清却感受到了从未有过的信任。

清清从未质疑过阿福交给她的银行卡里有多少存款，也不关心阿福具体是做什么的，她只想寻找一个依靠，有人疼有人爱就好。从朋友描述的神情中，我大概知道了清清现在过得很幸福，至少阿福是真心真意对她的，因为朋友说起这话时，脸上也洋溢着幸福。

可最终，两人还是分开了。原来，阿福并不如表面上那样老实诚恳，他之所以欺骗清清的感情，也只是想骗财骗色而已。再次受伤的清清，令朋友整日担心不已，只要一有时间，就会跑去安慰和开解她。

安慰完了别人，回到家，朋友的情绪却深受影响。只要想起清清的遭遇，朋友就会义愤填膺地说起阿福的种种不是，仿佛阿福伤害的不是清清，而是她自己。看到朋友整天为了他人的事情这么伤神，还把自己的心情弄得这么郁闷，我在一旁都替她难过。

其实，我很想对朋友说："感情的世界里错综复杂，孰是孰非除了当事人，我们外人又如何说得清楚呢？如果一味地沉浸在他人的故事里无法自拔，我们不就硬生生把自己活成了他人故事里的配角，失去自己的思想与意识了吗？"不过，害怕朋友说我"站着说话不腰疼"，想了想，这话还是忍住没有说出口。

人的一生会发展很多社交关系，也会遇到很多朋友。作为朋友，我们可以一起疯、一起笑、一起哭、一起闹，也可以一起分享生活中的喜怒哀乐。但这并不代表我们就可以参与别人的故事，哪怕别人的故事再悲伤、可怜，我们都不要沉浸其中，把自己活成他人故事里的配角。

成了配角，也就意味着我们由聆听者变成他人痛苦悲伤的分摊者，不知不觉也让自己成了悲剧里的一角。难道你真的相信"痛苦分摊给别人就会减少"这句话吗？错，分摊痛苦只会让身边的人更痛苦，会让自己的痛苦无限蔓延。

这样说，并不是想让大家"事不关己高高挂起"，而是想提醒大家，世界那么大，认识的人那么多。如果每个人的故事我们都要参与，试问我们有那个闲心与精力吗？如果没有，还是不要随便入戏了。

不必哀怨他人的故事如何悲惨，也不必杞人忧天地替朋友整天担忧，每个人都有自己的人生，以后的日子怎么活、怎么过，起决定作用的还是他们自己。正所谓"年年岁岁花相似，岁岁年年人不同"，不管经历怎样的伤痛，余生我们还得继续走下去。

心若向阳，无谓悲伤。虽然我们只是茫茫人海中毫不起眼儿的普通人，但只要积极向上，勇敢前行，做自己人生的主角，又何尝不能让自己的人生大放光彩呢？

文学家林语堂曾说："要做自己人生的主角，不要在他人的戏剧里充当配角。"每个人的生活都是一部戏曲，或悲伤或喜悦，但不管导演的是什么剧情，我们都可以大大方方地做自己人生的主角，演绎一段精彩纷呈的人生故事。

可是，他人的故事里，会允许我们当主角吗？不会，在别人导演的剧情里，我们就是那个可有可无的配角或者路人，永远做着绿叶配红花的事。要知道，我们只是他人生命中的一个匆匆过客，为什么要放着自己戏里的主角不当，去他人的故事中做配角呢？

不做绿叶做红花，不做配角做主角，并不是让我们远离朋友，而是让我们远离那些无效的社交。让我们在经历人生的起起落落时，"不以物喜，不以己悲"，以一颗平常心淡定从容地面对他人的故事，唯有这样，我们才能做自己人生的主角，演绎与众不同的人生。

和羡慕嫉妒恨的那些人勇敢说"拜拜"

生活中总有那么一些人，看到身边的人取得成功或拥有了自己无法拥有的美好生活时，内心就会酸溜溜的，甚至羡慕他人的成就。但是，你在羡慕他人的生活时，又怎知别人没有羡慕你呢？

正如诗人卞之琳在《断章》中写道："你站在桥上看风景，看风景的人在楼上看你。明月装饰了你的窗子，你装饰了别人的梦。"人总是这样，一辈子追逐外面的风景，对他人的美好心生羡慕，却不愿回过头看看自己所拥有的，以至于羡慕来羡慕去，最后演变成嫉妒恨，恨来恨去，失去朋友，也失去快乐。

我的邻居陈雷就经历了这样一种由羡慕变成嫉妒恨的辛酸历程。早几年，国家还没有出台限房令时，陈雷所在的城市也没有出台限购政策，他便颇有先见之明地利用手中的积蓄，轻而易举地将三套房收入囊中。

陈雷之所以能够这么霸气地将三套房一次性收入囊中，还得感谢那时候的房价，再加上人们对买房的需求与认知也没有现在这么明显。最重要的一点就是，他的生意顺风顺水，底气十足，所以买房对他来说，并不算一件很难的事。

对于"天上不会掉馅饼"这句话，我一直深信不疑。一个人自身不努力，总是羡慕他人所拥有的一切，就能获得成功吗？显然是不能的，就像周华健在《真心英雄》里面所唱的那样，"不经历风雨怎么见彩虹，没有人能随随便便成功"。

每个人的成功都不是偶然的，每个人的光鲜亮丽也不是从天而降的，所有的一切都需要自己去努力争取。对于如今所拥有的成功，陈雷闲来无事时偶尔也会向我粗略地提及，但我们从来没有进行过深入的探讨。

他每次都会一脸神秘地笑着对我说："你相信吗，生活其实对每个人都是公平的，以前吃过的苦最终都会变成甜，只有吃得苦中苦，方为人上人！"看得出来，陈雷能有今天所拥有的一切，也是切切实实经历了生活的考验与岁月的磨难才换来的。

可是，陈雷身边的一些朋友却不这样认为。小曹是陈雷的老乡，偶尔也会过来找他喝酒聊天，一来二去的，我们也算是熟识了。某天，小曹又过来找陈雷，可陈雷恰巧不在，小曹便过来找我随便聊了几句。他问我："你和陈雷做了这么久的邻居，你知道他是怎么成功的吗？"

"当然是来自他的努力奋斗，难不成你还真相信'天上掉馅饼'啊？陈雷也是一个吃过苦的人。"我平静地回答。

"可同样是人，人家不费吹灰之力就能轻松拿下三套房，我拼死累活攒点儿钱还不够交一套房首付的。"小曹边说边露出羡慕的神色。

接着，小曹又说："你说，他小子是不是上辈子烧高香了，怎么要啥有啥。凭什么我就一无所有，我这辈子要奋斗到哪天，才能像他那样啊！"

对于小曹的吐槽，我也不好表达什么，只好在一旁倾听。见我没有开腔，小曹一脸幽怨地说："你和陈雷走得近，没事还是劝劝他吧，做人也别太嘚瑟了，没准儿哪天就从天堂跌到地狱了呢！"

虽然小曹和陈雷是老乡，但也丝毫掩饰不住小曹对陈雷的羡慕嫉妒恨。只是碍于老乡的情面，他只好在我这里发发牢骚，宣泄一下内心的不满。

其实，现实生活中，像小曹这样对那些比自己优秀、能干，又能自给自足过上富裕生活的人，羡慕嫉妒恨的人比比皆是。不过，大多数人有了这种心态后，往往都能自我调节，并抑制这种不良心态的滋生，不会放在心上。但也有一些人任嫉妒之心疯长，就如故事中的小曹，羡慕到最后就演变成了恨。

每个人的身边都会存在这样一些朋友，哪怕关系再好，如果心态没有摆正，一方就会对另一方的成就耿耿于怀，并想尽一切办法在背后打压成功的一方，以此宣泄心中的怒火。

我有个大学同学阳，读书时特别爱写作，闲来无事便经常给一些副刊投稿。由于阳的文字功底不错，再加上他确实热爱创作，也饱含激情，所以写出来的稿子屡屡被采用。发稿量多了后，阳的稿费也从四面八方络绎不绝地飞来。

那时候，阳经常参加一些撰稿论坛的聚集会，文友们不仅会从中寻找一些合适的用稿信息，也时常聚在一起聊撰稿技巧。某天，一位文友突然好心地提醒阳，让他多多提防一下亮，收到文友的提示，阳感觉特别诧异，要知道亮可是阳最好的哥们儿。

见阳迷惑不解，文友便说："你不知道，亮背着你偷偷新建了一个讨论组，虽然大家更多的时候是在里面讨论撰稿方面的问题，但亮却时不时地在里面说些你的坏话。他甚至气急败坏地说，真想把你给打傻了，看你以后还怎么写稿。虽然他只是发下牢骚，但大家都看得出来，他这明显是在嫉妒你。"

对于文友的善意提醒，阳并没有放在心上，还是一如既往地和亮聊天、聊工作，聊未来的工作计划。直到有一天，一个莫名其妙的快递包裹打乱了这看似平静的生活。包裹没有署名，但里面的物品却显示着对阳的威胁与警告。

阳自问没有得罪任何人，起初还以为是别人寄错了，但仔细看了看收件人的名字和电话，确实就是自己。一番调查取证后，疑点落到了亮身上，但善良的阳觉得亮只是心胸狭隘，被嫉妒蒙蔽了心智。对于好哥们儿亮所做的一切，他并不想深究，毕竟大家相识一场，没有必要闹得人尽皆知。

只是从那以后，阳开始有意无意地疏远亮，在和亮共同的论坛里，阳也不再随意分享自己约稿后的喜悦心情，他也没有再收到乱七八糟的快递包裹了。就连之前善意提醒的文友也跟阳透露："好奇怪，亮怎么突然间不关注你了，也不提起你了，不知道他是不是就此看开，不再对你羡慕嫉妒恨了。"

阳微微一笑，淡淡地对文友说："枪打出头鸟，当我收敛了自己的锋芒，为人处世变得低调时，身边那些对我羡慕嫉妒恨的人找不到理由了，我自然也就慢慢地淡出他们的生活。"

但是，身处社会这个大染缸，每个人都难以避免因为某些方面突出的表现而引得他人的羡慕嫉妒恨。对于他人的思想行为我们无法控制，我们要做的就是尽早发现并远离他们，这样我们的生活才不会受到他们的影响。

当然，这些对我们羡慕嫉妒恨的人往往都是善于隐藏的，如何才能知道哪些人对我们充满嫉妒之心呢？不妨从以下几个方面注意观察，这样才有助于远离他们。

●不管你获得哪些成就，他们说话总是酸溜溜

当一个人获得成就时，身边朋友的表现大致可分为两类：一是真心高兴并表达祝福的人，二是羡慕嫉妒恨的人了。不管你获得哪些成就，他们说话总是酸溜溜，并时常在他人面前说一些对你不利的言论。

●看你不顺眼，处处吹毛求疵

当你拥有了他人所不能拥有的一切时，身边那些不及你的人就会看你不顺眼，处处吹毛求疵。不管你说什么做什么，他们总是会有意无意地针对你，不停地挑刺儿，似乎只有这样，才能平衡内心的愤怒。

●看似不屑一顾，实则悄悄模仿

那些羡慕嫉妒恨的人，对你的所有缺点与荣誉看似不屑一顾，实则悄悄模仿。他们对我们的成就是非常渴望与崇拜的，但内心的傲娇又使他们不肯低头，所以只能在背后悄悄模仿。

优秀的人、成功的人，难免会被身边的人羡慕嫉妒恨，我们没有必要为了避免他人的嫉妒之心就让自己做事小心翼翼，甘于平庸，那样只会阻碍我们的社交发展。所以，我们要做的就是早日认清这些人，远离他们的视线范围，从而让自己免受一些无聊的干扰。

诚然，并不是所有的羡慕嫉妒的人，都会对我们的生活和社交发展造成影响，但也不能因此掉以轻心，如果任其发展到恨的程度，势必会引起诸多不必要的麻烦。

而且，那些羡慕嫉妒恨的人围绕在我们身边，就像一颗蓄势待发的炸弹，随时都有引爆的可能。爆炸的威力，相信没有人能够抵挡得住。所以，为了避免让自己受到伤害，还是和羡慕嫉妒恨的人勇敢说"拜拜"，趁早远离，方为上策。

Chapter 6 / 拒绝负能量:
快乐是自己的，让他们难过去吧

　　为什么有的人每天都能笑口常开，将笑容挂在脸上？为什么有的人却整天愁眉苦脸、闷闷不乐？很简单，愁眉苦脸的人，周围一定充满了负能量，饱受负能量的困扰，所以才会郁郁寡欢。

　　因此，想要笑口常开，快乐常驻，就要学会拒绝身边那些负能量的人和事，千万别让负能量带走自己的快乐。

别让负能量带走你的快乐

不知道大家是否有过这样的感受：与身边的某些朋友聊天，总是依依不舍，感叹时间过得太快，因为在善解人意的他们面前，再多的烦恼，也能一下子烟消云散。可有一种人，在与之聊天时，却希望时间能快点儿结束，因为这样的朋友一直在抱怨。

从工作到生活，从家庭到朋友，从物价上涨到教育观点，从柴米油盐到吃穿用度，从过去、现在再谈到未来，似乎哪儿哪儿都不满意。于是，在怨声载道中，你原本快乐的心情瞬间被对方搅得糟糕透顶，甚至希望对方赶紧消失在自己的视线中，这就是正能量与负能量之间最明显的区别。

相信很多人希望和正能量的人交朋友，因为这样的人会给人一种积极向上、乐观开朗的心态。而负能量的人呢，看什么都不顺眼，说的也都是丧气话，还把各种不良的情绪硬塞给身边的人，把朋友当作他们情感宣泄的"垃圾桶"。

因此，我们要远离身边这些带有负能量的人，多与那些正能量的人相处，因为正能量会让人斗志昂扬、信心倍增，而负能量只会让人变得焦躁不安、萎靡不振。更何况，我们也没有太多的时间与精力陪着他们，等待他们将负能量转化成正能量，所有的一切最终还得靠他们自己。

我们要做的就是远离这些负能量的人，寻求正能量的人群，和他们融为一体，让自己成为一个拥有阳光心态、充满正能量的人。

其实，每个人的身边都会有一些正能量与负能量的朋友。正能量的人，一言一行，举手投足，哪怕只是一个细微动作，都能成功吸引到身边的人，并引起人们的追随与效仿。而负能量的人，总是有意识地将生活的委屈与不满无限放大，满世界找人抱怨，耗费了他人的时间与精力不说，自己也得不到丝毫的进步。

这些负能量爆棚的人，心胸狭隘，看不到他人的优点与长处，又不愿主动承认自己的不足，内心承载不了多大的梦想。试想，一个连朋友都容不下的人，他的眼界与思想又能开阔到哪里去呢？

我的表妹，在前公司曾有一个相处不错的朋友李好，毕业于"双一流"大学。在公司时，她不仅学历比表妹高，专业也学得好，重点是人家的颜值也不错。

表妹自问平时在其他人面前也算是底气十足，可单单在她面前，就感觉自己像一个泄了气的皮球，干瘪到底气全无，完全没有自信。一起工作一年后，李好觉得在这家公司有点儿屈才，便下决心辞职要去外面的世界闯荡一番。

某天，久未联系的李好突然给表妹打了个电话。在电话里，表妹和李好一起谈天说地，聊着现在与未来。聊着聊着，她忽然发出感慨，说："唉，现在的竞争压力越来越大，你都不知道，人才市场每天找工作的人有多少，基本上都是高颜值、高学历、多才多艺的人，像我这样的，充其量只能算是个小虾米。"

听到这儿，表妹正想着要如何安慰她时，李好接着说："尤其是像你们这种三流大学出来还冷门专业的，恐怕在社会上会寸步难行。你之前说这辈子的梦想是成为一个作家，我看你还是算了，以后别再做白日梦了！"

"比你优秀的人多的是，别人都不一定能成功，你又凭什么？"

"你可别说我没提醒你，奉劝你还是脚踏实地别再好高骛远，难不成你还真以为书中自有黄金屋吗？"

……

还没等李好说完，表妹便毫不犹豫地挂断电话，因为她觉得再聊下去也没有任何意义了。像她这样自以为是的人，既不愿承认自己的失败，又不愿身边的人过得比自己好，为了求得内心的一丝平衡，便用诋毁吐槽的方式来打压别人，掩饰内心的空虚与无助。

这样的朋友不交也罢，与其唠唠叨叨地听对方把自己批评得一无是处，承受一堆负能量，还不如趁早远离这样的朋友，把他们从自己的生活中踢出局。

朋友之间，不是应该互相鼓励的吗？即便我们真的存在一些不足，或哪里做得不好，作为朋友，你可以用你的宝贵经验告诉我如何改正，也可以明确告诉我前方的道路充满艰难险阻。

但这几点都做不到，还一个劲儿地给我灌输负能量、打压我，我只能说抱歉，我不适合做你的朋友，等你哪天拥有正能量之后，再来找我吧！人生是一段不断前行的旅程，前行的道路上，如果你不能支持我、鼓励我，反而制造一堆负能量压榨我的快乐，我只能选择拒绝，并远离你的负能量。

虽然我们每天都会与不同的人打交道，也会结交到各种类型的朋友，但我们一定要清楚地知道，哪种朋友会是在我们遭遇艰难险阻时拔刀相助、施以援手的人，哪种是隔岸观火还冷嘲热讽的人。

鲁迅先生笔下的祥林嫂，就是一个自带负能量的人。她整天怨声载道，不停地向身边的人诉说自己的不幸遭遇。刚开始，大家还会出于同情安慰她、鼓励她，久而久之，都被她的抱怨磨灭了兴致，开始讨厌、嫌弃她，因为谁都不想受到祥林嫂负能量的影响。

人这一辈子无时无刻不处在选择中，不管是正能量还是负能量，往往皆在一念之间。如果你选择与负能量的人为伍，哪怕你天生是一个活泼开朗的人，长此以往，也会在负能量人群的影响下，闷闷不乐，心烦意乱。

"近朱者赤，近墨者黑"，选择与哪种人在一起，自己就会变成什么样的人。要知道，负能量是一个巨大的磁场，一旦被吸附，就会变成像祥林嫂那样迷失心智，疑神疑鬼，整天活在怨恨中，看不到明天的希望，也感受不到生活的乐趣。

既然负能量给生活带来那么多麻烦，如何做才能远离身边的负能量呢？相信下面的方法可以帮助到你。

●辨识负能量的人，远离他们

如何辨识那些负能量的人呢？很简单，当你发现身边的一些人，整天愁眉不展，郁郁寡欢，且说话做事态度懒散消极，总是不停地抱怨他人时，就要试图远离这样的人，以免自己的情绪受到影响。

●小心脾气暴躁、容易情绪化的人

正常情况下，一般人说话都是心平气和的，只有那些负能量的人才会容易情绪化，无缘无故地冲身边的人乱发脾气。不管是同事还是朋友，我们没有义务帮他们解决难题，也没有必要让自己成为他们的"出气筒"。所以，要小心那些脾气暴躁、容易情绪化的人，不然一不小心就会被他们的负能量伤得体无完肤。

●远离爱讲八卦、传播是非的人

有人的地方就会有八卦和是非，虽然从某种意义上说，八卦会让人开怀大笑、忍俊不禁，但你在谈论他人的八卦时，自己也会成为他人八卦的对象。

传来传去，味道变了，是非也就出来了，矛盾与负能量也就随之而来。只有远离爱讲八卦和传播是非的人，才能有效避免一些无谓的风波与争端。

●正确看待他人的负能量

只有负能量才会让一个人发生改变。当面对那些负能量的人时，我们不妨换位思考，他们产生负能量，是因为工作遇到困难了吗？还是家庭发生了变故？正确看待他人的负能量，给予适当的理解，不要再给负能量的人增添烦恼和忧愁。

●多与身边正能量的人交朋友

哪怕是关系再好的朋友，如果对方一直都是负能量爆棚，沉浸在负面情绪中无法自拔，既然我们改变不了他人，就唯有改变自己。

不要碍于情面而勉强自己和他们在一起，离开他们，多与身边正能量的人交朋友，你会发现自己的格局也会变得更加宽广。

别让负能量带走你的快乐。只有远离负能量，我们才能让自己的生活充满阳光，与这个世界温暖相拥。远离负能量，寻找那些正能量的人，和他们互相鼓励、互相进步，成长为更优秀的自己。

唯有让自己充满正能量，才能免受负能量的干扰与影响。请记住，你的每一次进步，都将让自己成长为无可替代的、最优秀的你。

不是说"吃亏是福"吗？

社会是一个复杂多变的大染缸，装满形形色色的各类人，有的善良乐观，有的阴险奸诈，有的豁达开朗，有的斤斤计较。但不管怎样，阴险奸诈之人毕竟是少数，我们要相信人的本性还是善良的。

不同的人有不同的处事方法，有的人宽容大度，对人掏心掏肺，宁愿自己吃亏，也不愿占他人便宜，但也有一些人揣着明白装糊涂，得了便宜还卖乖，把人家当傻瓜。

人们常说"人善被人欺，马善被人骑"，意思是说，一个人若太过于善良，就很容易被他人一而再再而三地欺负，马若太善良就会被人骑在胯下。虽然人人都明白这个道理，但生活中依然有人不信这个邪，宁愿相信别人是无心之过，也不愿承认自己受到熟悉之人的欺骗。

我的隔壁邻居王姨，她的女婿浩在学校门口开了个小超市，除了售卖日常洗护用品外，也卖一些学生爱吃的零食，如花生瓜子、辣条、饮料、坚果等，还有很多人爱吃的槟榔。

浩超市的商品一般都在A和B两家供货商那里拿货。A生意做得大一些，送货时间不太及时，但商品品种多，货真价实，童叟无欺。B的生意没有A的好，但送货及时，态度也特别热情，有时候就算A那里缺货，B那里却从不断货。

但外面很多同行都在疯传，说B有时会把真货和假货掺杂在一起售卖，已经有很多人被坑过。对于外面的传言，浩其实不太相信。他说："我之前也经常找他拿货，没有学生反映有这方面的问题，再说他送货及时又热情，我没有拒绝他的理由。"

当我问他："无风不起浪，万一传言都是真的呢？你的信誉岂不是被毁了？"对我的疑问，浩有些底气不足地说："朋友之间不是要互相信任吗，大家都是认识这么久的朋友了，他应该不会这样做的。"见浩这样坚持，我也不好再说什么了。

有段时间，槟榔卖得特别好，经常断货。浩找了A和其他商家都拿不到货，最后又去找B供货商才拿到了货。槟榔重新上架后的那段时间，生意特别好，浩每天从早忙到晚，虽然辛苦却特别高兴。

可是没过多久，之前买槟榔的学生都跟浩反映，槟榔的口感和品质大不如前，虽然看起来是一个品牌，但质量却相差十万八千里。有的学生甚至直接让浩给他们退钱，说浩卖的是假货。

气愤至极的浩跑去找B供货商理论，可B供货商却装作毫不知情，故作无辜地说："唉呀，怎么会发生这样的事情呢？我这边联系上游供货商问问具体情况。"之后，一个月过去了，B供货商并没有给浩任何答复，反而是三天两头给浩打电话："兄弟，生意怎么样，缺货吗，缺的话我马上给你送过来。"

过了没多久，浩超市里的另一商品也断货了。他跑遍之前合作的供货商都没有拿到货。思虑再三，浩决定再次去找B供货商拿货。我在一旁实在忍不住便呛了他一句："人家都说吃一堑长一智，你倒好，吃了亏上了当，还不长记性。"

对于我善意的提醒，浩固执地认为B供货商可能也是被上游供货商给坑了，所以才会出现这样的情况，也许他也是个受害者。

很多人信奉"吃亏是福""吃一堑长一智"，这话看起来有一定的道理。可是，若吃亏上当后，对方还是把你当傻瓜一样欺负，难道你还要回过头来继续吃亏上当吗？如果你真的认为对方会改，是无意的，那就太傻太天真了。

对方只会得寸进尺，把你当作冤大头一样任意宰割。我们时常抱怨某某攻于心计、老奸巨猾，身边聚集着多少狐朋狗友，和他们在一起我们吃了多少亏、上了多少当。仔细想想，有时候还真不是别人有多厉害，而是我们太傻，明知是飞蛾扑火，却还奋不顾身一头撞进去，到最后伤痕累累，受尽伤痛折磨不说，还失去了快乐。

刚参加工作那会，机缘巧合认识了一个女孩子小玲，她在打工时结交了男朋友周飞。周飞在社会上摸爬滚打了好几年，轻易地就俘获了单纯可爱的小玲。两人相识没多久，小玲就搬进了周飞的出租屋。

坠入爱河后的小玲，每天都在朋友圈分享她的甜蜜。之前都是逛专卖店、买名牌的小玲，突然开始省吃俭用起来，偶尔也会和我谈论起她对未来的规划。就这样过了大半年，小玲把自己省吃俭用下来的钱给了周飞，让他去买辆车代步，方便二人出行，拿了钱的周飞却突然从小玲的生活中消失了。

小玲发了疯似的满世界找周飞，可周飞却消失得无影无踪。全心全意的付出却遭到渣男的骗财骗色，小玲伤心不已，整日以泪洗面。那段时间，她跟谁都不太说话，心情更是郁闷到了极点。

本以为重新振作起来的小玲，会以崭新的面貌重新开始新生活，可谁知小玲又在朋友圈重新晒起和周飞的照片，恐怕不知道的人还以为是小玲交了新男朋友呢。对于小玲的做法，我备感疑惑，便问她："好马不吃回头草，你怎么又和周飞在一起了，难道之前的伤害还不够深吗？"

小玲不好意思地笑了笑说："小飞已经向我道歉了，而且他也会把买车的钱还给我，他说以后会一心一意对我的。"

对于小玲的事情，除了哀其不幸、怒其不争外，我竟无言以对。两人重新在一起后，小玲的朋友圈又恢复了往日的甜蜜，经常发一些周飞开车带她出游的照片。看着照片里那个笑容灿烂的女孩，我真的希望这种美好能永远停留。

如果事情真的这样发展下去，周飞真的"浪子回头金不换"，能一心一意对待小玲，那也算是修成正果、爱情圆满了。可事实是，周飞回来还不到三个月，又一次劈腿离开。

吃过的亏不再吃，上过的当不再上，伤过的人不再理，如果吃亏上当都不能让一个人觉醒，这样的人也未免太傻。或许有的人会说，人家明星还豁达大度呢，马伊琍不是原谅了文章，谢杏芳不是也原谅了林丹吗？

我们不能一竿子打翻一船人，把所有人都想成是这样的。但对于那些有意的、一而再再而三伤害我们，并把我们当成傻瓜的人，根本不值得原谅，不要企图他们真的能迷途知返，认真悔改。

不是说吃亏是福吗？诚然，吃亏是福，但吃亏最大的福应该是让我们收获更多，结交一些值得交往的朋友，而不是在吃亏的过程中将自己伤得体无完肤，失去快乐。

何必为了那些再三伤害我们的人挑战底线，放弃快乐呢？与其给对方再次伤害我们的机会，还不如就此别过，重新踏上征程，寻找更合适、更真诚、更值得交往的人。

你若放开，快乐自来

快乐是什么？它是高兴，是开心。为了与快乐常相伴，很多人穷其一生都在不断地追逐着快乐，可到最后却恍然发现，还是没有让自己得到快乐，甚至连快乐的影子都不曾遇见。

之所以这样，其实来源于人们内心的盲目。看着别人快乐，我们心生羡慕，也想要拥有人家那样的快乐。殊不知，快乐其实就隐藏在我们身边，藏于生活的点点滴滴。不要羡慕别人的快乐，也不要渴望别人能给我们带来快乐，这些都是不现实的。

快乐是自己的，是发自内心的，与金钱、地位、名誉无关。只要我们拥有一双善于发现快乐的慧眼，仔细观察，就会发现生活处处充满快乐。

虽然"人生不如意事十之八九"，在我们每个人的成长过程中难免会经历困难与挫折，面临亲朋好友的离去，承受心灵上的痛苦与缺憾。但不管遇到怎样的磨难，生活都得一如既往地向前看，以一种乐观豁达的心态坦然面对，而不是独自一个人伤春悲秋，沉迷于伤痛中无法自拔。

说起来容易，做起来难。生活中，有些人总是怀抱一种杞人忧天的状态，遇到一点儿小事就愁眉不展、悲天悯人，一会儿担心这个，一会儿纠结那个。试问，抱着这样一种心态来生活，又怎能拥有快乐呢？

其实，生活中哪有那么多伤春悲秋之事？即便有，也是暂时的，我们不能因为未曾发生、即将发生或已经发生的事，就让自己变得郁郁寡欢、悲观厌世吧？即便整日祈祷，又能改变什么呢？

那些该发生的事情还是会发生，除了将自己的心情变得糟糕透顶外，还会让自己陷入无尽的痛苦与悲伤，这又是何苦？人们不是常说"车到山前必有路"吗？所有的痛苦与悲伤都会有合适的解决办法，所有的担心与忧虑只是我们一厢情愿、自寻烦恼而已。

或许性格使然，让我们变得多愁善感；或许三心二意，让我们容易受到外界的诱惑；也或许事无巨细，对身边的事情感到悲伤与难过，而让我们愁肠百结。

其实这些都是可以避免的，正所谓"世上本无事，庸人自扰之"。与其把宝贵的时间浪费和精力浪费在这些没有意义的事情上，让自己失去快乐、徒增悲伤，还不如乐观开朗地面对每一天，过好眼前的生活。

一念天堂一念地狱，一念快乐一念悲伤，通往天堂还是地狱，拥有快乐还是悲伤，往往取决于我们对待生活的态度。如果我们整日把什么事情都放在心上，凡事太过于计较，就会让自己离快乐越来越远，让自己在悲伤中沉沦，并因此引发一系列的消极情绪。

试问，你愿意在悲伤中度过人生的每一天吗？既然愁也一天，喜也一天，为什么不想开点儿呢？只有拿得起才能放得下，只有想得开才能看得透，唯有这样，人生才能处处充满欢声笑语，快快乐乐，幸福无比。

大雨过后有两种人，一种人看到雨后赏心悦目的彩虹，就会感到非常快乐；另一种人看到雨后积水遍地的道路，就会感到悲伤。所以，快乐与悲伤取决于一个人看待事物的眼光与想法。

很多人之所以感到不快乐、不幸福，就是因为他们的内心没能正确看待生活的得与失，不懂得换个角度看待生活，所以他们总觉得自己与快乐无缘，感受不到身边的快乐。但其实快乐就在我们身边，不信的话，你看看身边那些每天都很快乐的人，他们每天的生活是不是过得很轻松惬意、潇洒自在？

正因为他们拿得起放得下，善于从生活中寻找快乐，制造快乐，所以即便遭遇磨难，也不会感到悲伤。磨难能让他们从中寻找到快乐，把自己的生活过出别样的风采。

一位农夫驾着马车从乡下去往城里，路过一座独木桥时，不知什么原因，马突然受到惊吓，慌乱之中转身冲向河里。这一下连带着农夫、马车和货物也都掉到了河里。

岸上的人们听到农夫的呼救声后急急忙忙赶过来营救，却看到农夫已经从半人高的水中站了起来。人们七手八脚地连忙把全身湿漉漉的农夫从河里拉上了岸。就在人们你一言我一语替农夫损失的货物感到惋惜时，农夫却一脸高兴地大叫起来，说："唉呀，我今天真是太幸运了。"

救他上岸的那些人对农夫的笑声不明所以，以为他被这突如其来的惊吓吓傻了，便问他："别人过桥都没事，就你连人带车全翻了，车上的货物也损失了，碰到这么倒霉的事，别人哭都来不及，你还笑？"

"我为什么不笑？"农夫止住笑声，说："虽然刚才的那一幕挺危险的，我也损失了很多货物，但我现在不是好好地站在这吗？这难道不值得高兴吗？"

如果每个人都能像乐观开朗的农夫这样想，那也不用费尽心思寻找快乐了，因为快乐就在身边，根本不用舍近求远。只要学会洒脱，懂得放下，快乐自然和我们如影随形。

所以，当你被烦恼、忧愁困扰时，当你陷入迷茫而不知所措时，当悲伤情绪来袭，不妨认真地想一想，是什么让自己遭受困扰陷入迷茫，是什么让自己变得悲伤、失去快乐？当你明白了这些，就会知晓，原来悲伤来源于每个人内心的想法。

生活是一幅优美的画卷，看上去光鲜亮丽，实则黯淡无光，因为悲伤会将我们的快乐掩盖，让我们脸上愁云密布。如果我们自己不学会调节，就会让自己一直处在悲伤中，失去快乐的同时，还将面临一些不必要的损失。

远离悲伤，让快乐回归，使生活从此诗情画意、阳光普照，想一想是不是很美妙？我们不必煞费苦心去强求某件事，也不必庸人自扰过度担忧某件事，一切顺其自然就好，凡事切莫强求与刻意。

人生短短几十年，何必让一些无谓的纷扰打搅了自己的生活，将自己陷入一种无休无止的悲伤与痛苦呢？真的没有必要，快乐是自己的，生活是自己的，只有快乐，才会让我们的生活过得充实有意义，让我们神采飞扬、充满自信。

你若盛开，清风自来；你若放开，快乐自来。所以，拒绝悲伤吧！让快乐常驻心田与我们相伴相依，在往后余生的每一天，快快乐乐地享受生活的美好！

放下执着，走出伤痛的阴影

虽然世人都向往爱情，希望能享受爱情的甜蜜，希望爱情能让自己遇到人生中最想遇到的那个人。但不可否认，时下的很多年轻人也会惧怕爱情，谈爱色变，经常挂在嘴边的一句话就是："不要和我谈爱情，我长这么大，从来都不相信爱情。"

难道这些人真的就不渴望爱情吗？看到身边的亲朋好友出双入对，他们就真的一点儿都不羡慕吗？其实不然，表面看起来他们对爱情嗤之以鼻，内心却又忍不住对爱情产生一丝莫名的小悸动。

在这种自相矛盾的复杂情况下，他们既渴望美妙的爱情又害怕承受爱情带来的伤害。一项对年轻人的调查报告显示，有些人之所以不相信爱情，其实都是受到父母的影响。一个家庭中，父母若感情不和、婚姻不幸，必然会对身边的子女产生深远的影响，甚至让孩子一生都过得不快乐。

很多父母常常百思不得其解，为什么有的孩子对爱情无师自通，恋爱、结婚、生子，顺风又顺水。可偏偏自己家的孩子谈个恋爱都不敢、不会，于是很多父母"皇帝不急太监急"，替自家孩子当起军师出谋划策，可结果却收效甚微。

逼急了，有的孩子甚至还会冲父母大声嚷嚷："我可不想延续你们的不幸，替自己找个冤家，让自己一辈子陷入无止境的争吵。"对此，父母们一脸愕然，直到此时才发现原来自己的婚姻状况早就无形中对孩子产生了根深蒂固的影响。

诚然，这样的情形是少数，但却真实地存在于我们的生活中。那些深受其害的孩子，虽然拒绝爱情，却又在每天的生活中见证着身边朋友不同的爱情。就连很多电视剧也都是描述爱情的，大街小巷传唱着爱情歌曲。

身处这样的环境中，如果说他们对爱情没有一丁点儿心动，似乎是不可能的。但另一方面，他们又纠结在父辈们的不幸婚姻里。所以，他们不敢轻易尝试、发展一段恋情，并在遇到有好感的异性时，竭力压抑内心的想法，并用"单身快乐"来隐藏自己内心的失落。但其实，他们过得一点儿也不开心，一点儿也不快乐。

试想，一个每天都处在纠结中的人，一方面幻想自己能冲破内心"魔咒"拥抱爱情，另一方面又担心会遭到背叛与伤害，这样的人生如何过得快乐呢？既渴望爱又害怕爱，恐怕是很多婚姻不幸家庭中长大的孩子的一种最典型的心理状态，可称之为"恋爱恐惧症"。

患了"恋爱恐惧症"的人，真的以为远离爱情就能让自己获得快乐吗？并不会，我们拼命压抑内心情感，让自己陷入单相思，不停纠结，甚至把自己包裹得像一个浑身长满刺的刺猬，就已经让自己陷入痛苦，远离了快乐。

在父辈不幸婚姻的影响下，你在爱情的道路上不断纠结，摆出一副冷冰冰的面孔拒绝那些对你伸出爱情橄榄枝的人，甚至假装不喜欢他们、讨厌他们，用"冷色调"掩饰自己内心对爱情的渴望，在众人面前表现出一副清高的样子，活生生将自己演变成一个孤芳自赏的人。

孤芳自赏，能获得快乐吗？显然不能。当我们撑着高傲的身躯从自己心有好感的人面前走过时，内心怎能波澜不惊呢？但一想父母争吵时歇斯底里的怒骂与咆哮，我们瞬间又将自己的爱情之火熄灭。

我有个小表妹，与她一起合租房子的是个叫安妮的女孩子。安妮在单亲家庭中长大，在她的印象中，父母吵架几乎成了家常便饭。三天一小吵，五天一大吵，严重时双方甚至直接动起手来，打得对方鼻青脸肿，当然每次都是妈妈输。

即便输，安妮妈妈也不甘示弱，最起码在气势上没输。父母每天的唇枪舌战，丝毫没有顾及年幼的女儿。让安妮印象最深刻的一次，是父母在互相指责对方、吵得不可开交时，妈妈一怒之下，直接冲进厨房，拿起菜刀砍伤了爸爸的手。

那次，安妮爸爸在医院足足住了十多天，自始至终她的妈妈没有去医院看望过，出院后，两人虽然没有离婚，可安妮爸爸从此不着家。直到有一天，安妮和同学走在放学路上时，看到一个打扮得花枝招展的女人挽着爸爸的胳膊在一家店里买东西。

于是，愤怒的安妮跑过去打了那个女人，并在她的手臂上狠狠地咬了一口。她的爸爸见到久违的女儿没有满心的欢喜，没有丝毫疼爱，反而因安妮咬人的举动而动手打了她一巴掌。没过多久，父母正式离婚，安妮和妈妈一起生活。

从父母大打出手的那一刻起，安妮曾经幻想着或许等父母老了打不动、吵不动了，他们就能心平气和地过好余下的每一天。可当父母离婚的那一刻，安妮才彻底明白，一开始就注定的不幸，不会因时间与年龄的逝去而得到改善。

父母不幸的婚姻给安妮的心灵套上一层沉重的枷锁。安妮在内心发誓，即使遇到了对自己再好的人，也不能轻易相信对方的花言巧语，不然就会经历像母亲那样的痛苦。为了坚守这份誓言，安妮一路走来，拒绝了好多异性的追求，这其中也不乏真心对待安妮又让安妮心动的。

亲眼目睹了不幸婚姻的安妮，却不敢轻易尝试，以至于现在已经年过三十，依然不改初衷。每当她对自己的爱情观持反对意见时，就会不由自主想起父母争吵的那一幕。所以，她宁愿承受心理折磨，失去快乐，也对身边的爱情保持一颗退避三舍的心。

纵然，安妮承受了不幸，受到父辈的影响，可是我们不能以偏概全地认为所有的人都是这样的。遇到渣男，人生自然不幸，可遇到了真心爱你的男人，幸福快乐不就跟着一起来了吗？就如唐嫣离开邱泽，遇到罗晋，在享受爱情甜蜜的同时，也将自己活成公主，过上幸福快乐的日子。

挥别错的才能遇到对的，即使是父辈婚姻不幸、感情不睦，我们也不应该让自己一直沉浸在这种阴影下，让自己的人生处在黑暗之中，让爱情的缺失给自己的人生留下遗憾。

所以，别做矫枉过正、以偏概全的事。人生苦短，有些事不亲身经历，有些人不勇敢尝试，又怎会发现生活的另一面呢？别害怕，勇敢去爱，遇到了合适的人，不妨试着交往，就算不合适，也可以选择分手说再见，继续寻找生命中那个最适合我们的人。

或许走着走着，我们就会发现，原来爱情并不是我们想象中那般苦涩，也可以让人获得甜蜜，享受快乐。

别再为自己的错误观点执着了，也别再为上一代的错误而买单了，我们要努力走出父辈带给我们的阴影，勇敢一点儿，坚强一点儿，寻找生命的美好，享受爱情的甜蜜，珍惜身边那些值得珍惜的人。如此，我们才能体会幸福的滋味，让自己过得洒脱、过得快乐。

不要再对爱情抱有一副无所谓的态度，也不要再对爱情怀抱恐惧。走出伤痛的阴影，让自己勇敢地拥抱爱情吧！你会发现，爱情原来也是五颜六色的，快乐也很简单，只要放下不幸，又何愁不能收获快乐呢？

远离玻璃心的困扰

玻璃心是什么？它其实是指一个人的内心过分敏感、脆弱，经不起外界的刺激与打击，否则心灵就会像玻璃一样容易破碎。从心理角度来说，一个人适度的敏感、脆弱是正常的，尤其是在遭受一些变故时，就会不由自主地产生这样的情绪，近而让自己变得焦虑，变得玻璃心。

成长路上，每个人的成功都不是一蹴而就的，都要历经生活的磨难与历练，才会享受成功。在此期间，难免会遭受他人流言蜚语的指责与批评，即便如此，我们也不要因为外界的打击而变得自卑，对生活失去信心，让自己变得郁郁寡欢，变成一个拥有玻璃心的人。

有句话不是说"从哪里摔倒，就从哪里爬起来"吗？摔倒了又如何，爬起来依然可以前进。只要有信心有希望，星星之火都可以燎原，更何况是伟大的人类呢？勇敢站起来，用自信战胜自卑，用希望代替敏感，用坚强代替脆弱。

唯有这样，我们才能在不断的创伤与挫折中变得坚强勇敢、自信从容。让自己不拘泥任何束缚，不受外界的刺激与影响，找到属于自己的人生目标与最佳位置，过得开心快乐。

记得读书时有个同学叫冯军，他就属于玻璃心。沉默寡言的他，从来不主动与人沟通，总喜欢把什么事情都放在心里，久而久之，变得异常敏感。对于身边同学所说的每一句话，他都要纠结好久，不管是善意的还是恶意的，他都认为别人是在针对他。哪怕是一句玩笑话，他都要认真揣摩好久。

有一次，作为班级干部候选人的冯军，在最后阶段的竞选中落榜了。这在旁人看来其实也没有什么，毕竟一个班级好几十名学生，班干部的名额却仅有那么几个。可冯军不同，他接连失落难过了好几天，每天都摆着一张苦瓜脸。

只要看到同学们三五成群聚在一块说笑，他就会认为别人是在笑话自己，背地里说自己的坏话。就连平时与他关系比较要好的朋友，微笑着安慰他，说："哥们儿，别灰心，失败是成功之母，相信你下次一定能行！"

看似再寻常不过的一句鼓励，可冯军却听出其他的味道，觉得朋友是在挖苦嘲笑自己。每天都处在这种状态下的冯军，内心感到十分苦恼。

为什么会这样呢？有心理学家曾做过一项调查，认为有的人之所以玻璃心，最根本的原因是心理承受能力差，抗压能力弱，以至于不能正确对待生活中的得与失。

每个人都有自己的欲望与情绪，若欲望没有得到满足，自然就会产生情绪，并在负面情绪的困扰中变得敏感多疑。所以，是时候放下自己的玻璃心，让自己变得坚强、勇敢起来了。只有这样，才不会让自己整天被一些无谓的事情困扰。

放下玻璃心，并不是自我放逐，而是放松身心，让自己活得不那么累，以平常心看待得失，应对生活，收获快乐。

拥有玻璃心的人，大部分生活得很累，他们既想得到别人的认可，又承受不住挫折与打击，所以稍不注意，就会将自己置于一种尴尬的局面。

之前公司设计部门有个同事工作了大概半年，某天下班时领导让他周末到公司加班，是有偿的，可不管领导怎么说，他就是不同意，甚至直接怼领导："周末不谈工作，坚决不加班。"后来，领导在开会时顺便提了一下这件事，结果同事第二天就离职了，并在朋友圈发文说领导公报私仇，故意为难他，并高调留言："此处不留人，自有留人处。"

　　后来，同事们谈论起这事时，都为他感到可惜。因为以他的工作能力，升职机会是蛮多的，可是却因为他自己的玻璃心而错失了。太过玻璃心的人，因为在意他人的看法，所以质疑自己的能力，对自己缺乏自信，在思想和行动上容易受到外界的影响。

　　玻璃心的人往往经不起外界的考验，就像温室中的花朵，在室内开得娇艳欲滴，但到了室外，就会因承受不住温度的差异，品质大打折扣，甚至枯萎。保护得太过小心，培养得太过精细，以至于离开特殊环境，遇到不同的人和事，就将自己那颗脆弱不堪的玻璃心摔得支离破碎。

　　玻璃心其实并不可怕，可怕的是有了玻璃心却不自知，而让自己陷入敏感多疑的情绪，并给自己和周围的人带去伤害，这才是应该引起重视的。

　　所以，当我们犯了玻璃心，不要逃避，应尽可能去正视、改正它，这样才不会让自己变得敏感多疑，才能回归到正常的生活状态中。只有放下玻璃心，我们才能远离玻璃心的困扰，收获快乐。

宽恕是获得快乐的法宝

说到"得饶人处且饶人",很多人不会感到陌生。这话其实是指为人处事要宽容、体谅、饶恕,说白了也就是宽恕。宽恕不仅是原谅他人的过错,更是提升自己的心态与格局。

在宽恕别人的过错时,可以放下旧日的恩怨情仇,寻回往日的快乐。不然,一直耿耿于怀,任由仇恨的种子在心里生根发芽,看什么都不顺眼,做什么都不高兴,最终只会让亲者痛、仇者快。

宽恕不仅是一种美德,更是一种度量,学会宽恕别人的过错,才不会让自己沉浸在伤痛中无法自拔,解开心灵的桎梏,以崭新的面貌开始新的生活。宽恕二字说起来容易,但真正做起来却很难。毕竟每个人的心胸不同,对犯错之人的态度也会完全不同。

比如,受到伤害的是一个小肚鸡肠、斤斤计较的人,肯定不会轻易宽恕他人的过错,如此他的一生必将在仇恨与痛苦中度过。但如果受到伤害的人拥有"宰相肚里能撑船"的豁达胸襟,对他人的过错一笑置之,选择宽恕,他的生活就会充满阳光,过得洒脱自在。

古人云:"知错能改,善莫大焉。"每个人都不是圣人,都会有行差踏错的时候。如果一个人犯了错之后悔恨交加,并知错能改,为什么不选择宽恕别人,给别人一个改过自新的机会呢?

当我们在宽恕他人的错误时,内心也就放下了怨恨,让心灵得到自由。如此,在之后的生活中,我们就可以坦然地面对生活中的一切人和事。

有个小男孩家住深山,家与寺庙仅一墙之隔,他便经常溜到寺院里去玩。某天,由于贪玩,一不小心将住持最喜欢的花瓶打碎了。小男孩非常害怕，因为他知道这个花瓶对住持有多重要，这是住持师父圆寂前留给住持的，可如今却碎了一地。想到这儿，小男孩便伤心地哭了起来。

听到哭声，住持过来了。小男孩哭着对住持说："对不起，我打碎了您心爱的花瓶，您惩罚我吧！"出乎意料的是，住持并没有很震怒，反而安慰痛哭流涕的小男孩："没关系，不用放在心上。"

小男孩听到住持这样说，感觉很诧异，问："这不是您师父留给您的花瓶吗？而且，还是您最喜欢的。"住持说："没错，是我最喜欢的，同时我也很想念我的师父。但我对师父的想念并不会因为花瓶的破碎而消失，因为师父一直住在我的心里。"听完住持的这番话，小男孩止住哭泣，开心地笑了。

佛家常说"放下屠刀，立地成佛"，其实和我们所说的宽恕是一样的。如果住持因为小男孩的过失而整天愁眉不展，甚至把小男孩暴打一顿，那又如何？破碎的花瓶，永远不可能恢复原样。

宽恕别人的过错，不用整天冥思苦索想着如何报复伤害我们的人，更不用整天拉仇恨去怒对身边的人。宽恕别人，从某种意义上说，更是对自己人生境界的一种升华。宽恕别人，会让我们宽以待人，并收获更多的友谊与赞赏，放下过去，善待自己。

对自己好一点儿，这话人人都会说，很多人也确实做到了。为了不辜负当下，很多人在吃穿用度方面对自己毫不吝啬。可除了物质方面的享受外，精神方面是不是也要对自己好点儿呢？

对自己好点儿，减少精神压力与负担，卸下心灵的疲惫，才不会让自己过得那么累，才会收获更多的快乐。所以，试着宽恕别人吧。宽恕会让我们过得轻松愉悦，整个人生都如阳光般灿烂。

一个落叶飘零的秋天，三个顽皮的孩子在树林里玩捉迷藏。玩着玩着，三个孩子觉得这个游戏玩起来太没劲儿了，于是便商量着玩些刺激一点儿的游戏。三个孩子在树林里生起了火，很快火势顺着风一路蔓延，将整片树林燃烧了起来。

火势越来越大，连消防警察都全部出动了。看着消防员惊慌失措、忙碌焦急的神情，三个孩子的内心也感到有些后怕。但他们不知道的是，就在这场由他们制造的火灾中，一名年轻的消防员牺牲了。

牺牲的消防员是一个刚刚从学校毕业的男孩，发生火灾的那天，刚好是他20岁的生日。这是他踏入社会后的第一份工作，而他工作还不到一个月，连工资都还没有领过。牺牲之前，他曾向母亲提起，发了第一笔工资后要带着母亲去北京看升国旗、爬长城。可如今，誓言还在人却不在，白发人送黑发人，这是何其的悲痛。

调查清楚火灾的原因后，整个城市的人都愤怒了。市长发话要严惩凶手，警察也开始四处走访调查寻找线索。很快，这三个孩子便被列入追捕的名单。

三个孩子最初只是觉得好玩，想寻求刺激，没有想到会伤及他人的性命。可如今，这一切已经不受控制，犹如惊弓之鸟的他们，四处躲藏逃窜。在逃亡过程中，听到周围的人都在谴责他们的行为，尤其是当他们谈论起牺牲消防员的母亲时，他们的内心越发地感到后悔。

原来消防员是这位母亲唯一的孩子，她含辛茹苦独自将儿子拉扯大，终于看到了光明的希望和未来，可一场火灾却让这位母亲晚年承受失独的痛苦，成了一个最伤心的人。可是，当大家都沉浸在对凶手的责骂声中时，这位失独母亲在面对记者采访的镜头时，却说出一番让人十分震惊的话。

她说："失去唯一的儿子，我也痛不欲生，想让凶手以命抵命，可那又如何？我的儿子再也活不过来了，我还是会感到痛苦，而且那三个孩子的父母如果失去孩子，想必也会跟我一样痛苦。所以，我选择宽恕他们，希望他们能早点儿回家……"

当三个孩子从电视上看到这一幕后，他们感动地哭了，并决定投案自首，为自己年少无知所犯下的过错赎罪。其实，早在老人原谅他们之前，三个孩子曾因承受不了外界的压力而决定跳河自杀，但老人的一席话却让他们醒悟过来，决定不再逃避责任，勇敢地承担自己的过错。

后来，成年后的三个孩子，一直没有忘记这位老人对他们年少时的宽恕。他们经常带着自己的妻子和孩子相约看望她，而这位失独母亲俨然已经成了他们共同的母亲。

试想，如果这位老人当初没有宽恕他们的过错，这三个孩子或许早就离开了这个世界，之后温馨的一幕也就无从谈起。老人的晚年生活不仅会陷入孤寂，更不会快乐。

宽恕别人，我们的心灵就会如释重负，多一份宁静，少一份喧嚣，多一点儿轻松，少一点儿压力。想要获得快乐，就要学会释怀，学会放下仇恨，学会宽恕，不仅是放过别人，也是放过自己。唯有放过自己，才会理性地看待问题，以一种平和、从容的心态看待身边所发生的一切。

宽恕好比一汪清澈见底的泉水，可以洗净一个人内心的痛苦与仇恨，让人的心灵更加清澈透亮；宽恕好比一盏明灯，给那些被仇恨迷失心智的人照亮前行的路，带去快乐与希望。

要知道，一个心中充满怨恨的人，即使拥有再多的财富，也不会感到快乐。只有宽恕他人的过错，卸下心中的仇恨，才能找回曾经的快乐。

不然，全世界的人都抱着睚眦必报的心理，并把"以眼还眼、以牙还牙"作为自己为人处世的准则，岂不是每天都要活在仇恨中，并与仇恨终老吗？这样的生活又有什么意义呢？

宽恕别人的过错，就是找回自己的快乐。唯有这样，我们才能远离仇恨，收获快乐，开心过好每一天。

避免雷区，先要学会扫雷

生活酸甜苦辣五味杂陈，每个人都会因为不同的事情而产生各种各样的情绪，开心也好，伤心也罢，不良情绪积压多了，就会随时面临爆发的可能。

不良情绪好比一颗地雷，隐藏在我们的周围。如果不加以控制，随时有可能将自己或他人置于雷区，"狼烟四起"不说，还会将自己的不良情绪带给身边的人，让自己和他人承受一些无谓的伤痛。

因此，为了避免不良情绪这颗地雷扰乱我们的生活，将我们"炸"得遍体鳞伤，我们要做的就是学会控制情绪，让自己的不良情绪得到充分释放，从而拆除地雷，避免受到伤害。

刚刚年过三十的周艳，是两个孩子的宝妈。虽然大部分生过孩子的人，身材都会有些走样，但像她这样年龄不大、脸蛋与身材严重走样的人来说，还真的不多见。

想当初，结婚之前，周艳可是妥妥的美女一枚。再看看如今，身材臃肿，脸上布满雀斑，再加上乱糟糟的头发，配以与她身材极不协调的衣服，整个人看起来，活脱脱就像一个菜市场大妈。

对于周艳的不修边幅，她老公有时看不下去了，偶尔也会提醒她。可周艳呢，却总是一副不以为然的样子，噘着嘴巴说："难道你还嫌弃我不成，我这不也是生了孩子才这样吗？现在舒服就好，管那么多干吗？"不管老公怎么提醒，周艳依然我行我素。

某天下午，闲来无事的周艳看接孩子的时间尚早，便一个人跑去商场逛街。恰巧，迎面碰到大学同桌梅梅。自大学一别后，两人再没见过面，周艳便一脸兴奋地和对方打招呼："梅梅，梅梅，今天真高兴，逛个街都能遇见你。"

"请问你是哪位？我们认识吗？"对于周艳的热情，梅梅显然有些疑惑不解。

"你不是梅梅吗，老同学，你不认识我了吗？"周艳抑制不动内心的喜悦，激动地问。

"我是梅梅没错，但我怎么不认识你呀？"梅梅还没有认出来和她搭话的这个人是谁。

"你怎么不认识我呢？我是你的同桌周艳啊！"周艳有些急了。

"不会吧，你是周艳，可你这变化也太大了吧！如果你不说名字，我还真以为你是哪家的阿姨呢！"梅梅看着眼前的周艳，实话实说。

"喂，我们是同学，你竟然说我是阿姨。你怎么说话这么难听，我有这么老吗？什么人嘛，算了，我不想搭理你了。"说完，也不管梅梅在后面如何叫她，周艳便气冲冲地走了。

回去的路上，周艳越想越生气，越想越愤怒，心情也糟糕透了，回到家就冲老公发了一顿脾气。一连几天，梅梅的话总在耳边不断地回响，刺激着周艳，使她做什么都提不起兴趣。只要一想到这事，她的心里就会莫名的烦躁不安、乱发脾气。

看着镜子里的自己，她忽然发现自己似乎真的很老，整个人看起来毫无气质。自己不是才到三十岁吗？怎么就变成这样了，这还是之前那个貌美如花的自己吗？以前不管老公怎么说，周艳都不为所动，可这次受到同学的刺激后，她下定决心要减肥，让自己变得美美的……

看到周艳这几天念叨着要减肥，她老公一旁看着，既好气又好笑，气的是周艳受到刺激而整天冲他发火，笑的是她终于下定决心要改变自己了。他不由地感叹，这情绪地雷的威力竟是如此之大，可以将一个爱说爱笑的人，瞬间变得张牙舞爪，浑身长满刺。

情绪是多面的，很多人的身上都隐藏着情绪地雷，往往受到外界的刺激或遇到一些自己难以释怀的事，就会被引发出来，并殃及身边的人。生活中不乏一些像周艳的人，被人戳中痛点，心情就会变得愤怒，进而爆发出不良情绪。

比如常见的"胖子面前不言胖""矮子面前不言矮"等，有些人天生敏感、忌讳，所以对于他人一些冲口而出的话会心生不满，甚至觉得对方是在故意嘲笑自己，最终被这种不良情绪影响，引爆地雷，伤及身边的人。

如果我们对不良情绪的滋生不能有效控制或者改正，之后就会频频遭遇这种情况。所以，要想改变这种状况，我们就要先找出引爆情绪地雷的着火点，做出相应的排雷与灭火措施，这样才能阻止不良情绪的滋生。

只有试着避开雷区，我们才能阻止情绪地雷的爆发，不至于让不良情绪影响自己的美好心情。避免雷区，先要学会扫雷，那我们要如何扫雷呢？以下几点建议值得参考。

●自我检视

在不忙的情况下，不妨静思己过，回想下自己这一个星期、一个月内，爆发不良情绪的时间与缘由：

当我伤心难过时，发生了什么事情？

当我愤怒生气时，遇到了什么事情？

当我害怕无助时，经历了什么事情？

当我痛恨厌恶时，碰到了什么事情？

当我压力山大时，承受了什么事情？

经常在心里反思下自己的行为，我们就能发现有些事情其实是不值得、没必要争论的，下次遇到时就可以学会避免和化解。这既不会浪费时间与精力，还能让自己保持心情愉悦。

●把事情往最有利的一面指引

世间任何事，答案都不可能只有一个，我们不必为了他人的三言两语就胡乱生闷气，也不必为了他人的打扰而乱了心神。

如果实在抵挡不住外界的纷扰而滋生不良情绪时，我们不妨将事情往最有利的一面指引，不仅能遏制不良情绪，还能避免伤及无辜。这样情绪地雷是不是就失去了导火线，找不到爆发的理由了？

●将自己的情绪导火线暴露出来

如果实在把握不好不良情绪爆发的征兆，不妨反其道而行之，将自己情绪的导火线暴露出来，昭告天下，避免他人碰到雷区而被伤得体无完肤。

这样当身边的人都知道我们不可触碰的底线时，也就不会轻易惹怒我们了。如此，大家都能相安无事，心情愉悦。

值得注意的是，不良情绪如果得不到合理的释放，只会越积越多。因此，我们要学会及时扫除情绪地雷，规避不良情绪的影响，如此才能让自己变得快乐。

做自己心情的晴雨伞

生活有七情六欲，有酸甜苦辣，有开心难过，也有烦恼挫折，人们每天经历这些，自然会产生一些消极情绪。消极情绪谁都有，就看如何化解了。如果我们在面临一件事情时，能从消极的一面看到积极的一面，无疑会令自己远离阴霾，变得快乐起来。

为什么有的人每天都能笑口常开，将笑容挂在脸上？为什么有的人整天眉头深锁，闷闷不乐？原因就在于心态不同，眼里看到的事物自然不同。心态会随着外界的变化而发生变化。

比如今天天气阴沉沉的，恐怕很多人的心情会像此时的天气一样，灰蒙蒙、懒洋洋的。如果外面艳阳高照，晴空万里，很多人的心情也会神清气爽，精神为之一振，甚至会忍不住到外面放飞自我。

诚然，天气的好坏确实对我们有着很大的影响。就拿下雨来说，一旦下雨，室外的有些活动安排就得改期，我们走在路上也有可能随时变成落汤鸡。即使是这样，我们也不能被变幻莫测的天气左右了思想，不然，可真的是一件愚蠢的事。

虽然我们无法与天气抗衡，也无法左右每天的天气，但可以自我调节，让自己的心情不受天气的影响。不管是晴天还是雨天，不管是刮风还是下雪，我们都能微笑面对，开心生活。

实际上，每个人的心情好坏只受自己的控制，如果我们善于调节，就不会轻易地被外界事物，左右了自己的思想与人生。

一项社会调查数据显示，每个人都会有情绪失控的时候，尤其是职场人士。70%以上的人坦言，工作中会产生不同程度的愤怒、焦躁、委屈、沮丧等消极情绪。其中，有的是因为工作压力大，也有的是因为某些小情绪没有控制好而引发了更大的消极情绪。当然，也有的人是因为受到排挤与冷落而产生了消极情绪。

这些人中大多是因为没能掌控好自己的情绪，而引发了一系列危机与麻烦，最终将自己置于无止境的困扰中。所以，只有学会控制心情，才能避免消极情绪的产生，让自己保持心情愉悦。

有位老婆婆，吃穿不愁，生活无忧，可是她每天都会对着天空喃喃自语，独自哀愁。不管是晴天还是雨天，不管是刮风还是下雪，在老婆婆的脸上，我们都看不到丝毫笑容。有人不解，便问她："您每天都不用为生活发愁，为什么还这么忧伤啊？"

老婆婆说："我是为我的孩子们担心，不管天气好坏，他们的生意都会受到影响。"原来老婆婆有两个儿子，大儿子走街串巷卖雨伞，小儿子走街串巷卖鞋子。天晴的时候，老婆婆担心大儿子的雨伞卖不出去；下雨的时候，老婆婆又担心小儿子的鞋子卖不出去。

为此，老婆婆整日愁眉苦脸，担心不已，可她的担心并没有起到任何作用。某天，一位邻居到她家串门，知道了老婆婆的烦恼后，便开导她："其实，你可以换个角度这样想，下雨天大儿子生意好，小儿子就可以在家休息，晴天时小儿子生意好，大儿子就可以在家休息。这样劳逸结合，身体和生意都兼顾了，难道不好吗？"

听到邻居的开解，老婆婆想想也挺有道理的。此后，老婆婆不再唉声叹气，而是以一颗平常心看待天气，每天都是高高兴兴的。

看到这里，有些人是不是感叹，快乐原来如此简单？的确，我们没法改变天气，但可以换个角度看问题，做自己心情的晴雨伞。就像故事中的老婆婆一样，最终豁然开朗，收获快乐。

从某种程度上说，我们时常会因心情不好变得愤怒焦躁，最根本的原因就在于我们过于执着，看重功名利禄，计较生活得失。因此，在无形中，我们给自己增添了许多不必要的烦恼与忧愁，并让自己在这种胡思乱想中变得郁郁寡欢。

　　学会放下心中的那份执着，就会豁然开朗，心情就会变得愉悦。当然，放下执着并不是让我们学会逃避，也不是弃之不顾，而是以一颗平常心去应对，积极寻找最适合的办法解决问题。

　　我们无法改变他人的想法，但可以改变自己。我们无法改变天气，但可以换个角度看问题，调节心情，让自己远离消极、负面的情绪，变得开心、愉悦起来。

比"金牌父母"头衔更重要的是快乐

当刘翔、张继科、邹市明这些的奥运健儿在运动赛场上为国争光获得金牌，并成为全世界瞩目的体坛英雄时，辛苦养育并在背后默默支持他们的父母，也因此获得"金牌父母"的美誉。

面对"金牌父母"的美誉，不少父母心生羡慕，希望自己的孩子能够出人头地，成为万众瞩目的"金牌得主"，更希望自己能借助孩子的荣耀成为他人羡慕的对象。无独有偶，婉秋的父母就抱着这样的思想，幻想通过孩子来帮自己获得"金牌父母"的荣誉。

婉秋今年7岁，刚上小学一年级，虽然年纪小，可她的学习压力却一点儿也不小。她每天除了学习还是学习，父母不允许她做学习以外的任何事，哪怕作业做完后，想看个动画片放松一下都不行。因为做业做完了还得复习课本，做妈妈准备的额外的试题，往返于各种辅导班。

在婉秋妈妈看来，要想让孩子赢在起跑线上，就得从小抓紧时间学习，否则基础不打牢，以后的学习就会就跟不上。对于报课外辅导班，妈妈也有一套说辞，认为这是为了从小培养孩子的特长与兴趣爱好，为孩子长大就业提供一个强有力的保障。

婉秋每天的生活都被安排得满满的，白天在学校上课，下午放学做完作业后，爸爸还会送她去学跳舞和画画。就连每个周末，婉秋也得去琴行练习钢琴和古筝。

在别人眼里看似无忧无虑的婉秋，每天衣来伸手、饭来张口，打扮得像个小公主一样去学校上课。当别的同学已经开始独立上下学时，婉秋妈妈却辞去工作，当起了全职妈妈，专心照顾女儿的起居，并每天接送。

即便如此，婉秋却过得一点儿也不快乐。她没有自己的时间，不能做自己喜欢的事，不能像其他同学那样看动画片、去游乐场。小小的婉秋，就像一个不停旋转的陀螺，每天都在父母"爱之深、责之切"的关心与爱护下，透不过气来。

其实，不只婉秋的父母有这样的想法，时下很多父母都有这种想法。他们总是羡慕别人家的孩子，并以别人家孩子的标准严格要求自己的孩子，希望自己的孩子能成为众人眼里"别人家的孩子"，自己能得到他人的羡慕，从此声名显赫，成为众人眼里的成功典范。

受到"别人家孩子"的影响与刺激，很多父母在"金牌父母"的荣誉光环下失去理智，违背孩子的意愿，强迫他们超负荷地学习。可是，这真的是为了孩子的将来好吗？

揠苗锄长也得考虑禾苗的的吸收能力与营养问题，一味地为孩子报名目繁多的辅导班，强制剥夺孩子的自由，只会让他们身心疲惫，失去无忧无虑的童年与欢乐。

为人父母，不要以为自己为孩子付出时间、精力，付出了所有，孩子以后就真的能出人头地，变成你所期望的"企业家""主持人""政府高官"，或是拥有一定影响力的名人。如果每个父母都能望子成龙，这个社会也不会有这么多的普通人了。

所以，父母不要冠冕堂皇地把强迫与束缚当作为了孩子好，这不过是为自己的虚荣心找个合适的借口。美其名曰是为了孩子好，实则是为了弥补自己当年的遗憾，为了获得众人的称赞。

看着自己每天辛苦加班，受尽白眼，却拿着微薄的工资时，很多父母内心极不平衡，便以不想让孩子重蹈覆辙为由，为他们规划人生路线。除了像婉秋父母这样的，还有一些甚至在孩子咿呀学语、蹒跚走路时，便各种教材"满天飞"，妄想把孩子培养成神童、天才。

可是孩子是一个独立的个体，童年需要快乐，也需要玩伴。如果打着为孩子好的幌子，却以让孩子失去快乐为代价，未免得不偿失。试想，孩子不快乐，父母能高兴得起来吗？

尤其是当身边越来越多的叛逆少年开始忤逆父母的决定与安排时，你难道就不担心吗？孩子小时候没有行为能力时可以控制他们，一旦他们长大了，当压力山大的学习任务压得他们喘不过气的时候，他们还会默默承受吗？

当他们奋起反抗，彼此间的关系是否会剑拔弩张、针锋相对呢？显然，这是无法避免的。当这一天真的来临时，你又该如何面对呢？

恐怕没有哪位父母愿意将和孩子之间的关系闹成这样吧！如此，亲子关系逐渐变得恶劣，快乐更是不复存在。

每个孩子都有自己独立的思想与认知，有自己的喜好与秘密，为人父母者，请不要在孩子本该享受童年的乐趣时，利用父母的头衔与威力，将手无缚鸡之力的孩子变成提线木偶。

比"金牌父母"的头衔更重要的是快乐。放弃"金牌父母"的头衔，放下对孩子的束缚，试着尊重并理解孩子的想法与愿望，站在他们的立场为他们考虑，他们才愿意与你亲近，把你当作朋友。唯有这样，亲子关系才会融洽和谐，彼此才会过得快乐。